W0064842

BAU-
STILKUNDE

The Diagram Group

Redakteur Randal Gray
Redaktionsassistent James Dallas
Gestaltung Darren Bennett
Zeichner Peter Crossman, Brian Hewson, Lee Lawrence, Paul McCauley, Philip Patenall, Micky Pledge, Tim Scrivens
Berater Robert Tavernor PhD, RIBA

Die englische Originalausgabe erschien im Jahr 1990 im Verlag Studio Vista, einem Imprint des Verlages Cassell, London, unter dem Titel »Architecture & Ornament. A Visual Guide«.

Redaktion: Dieter Struss, München
Satz: Filmsatz Schröter GmbH, München
Printed in Hungary

ISBN 3-572-00579-5

BAU-STILKUNDE

EIN BILDLEXIKON

ANTONY WHITE · BRUCE ROBERTSON

ÜBERSETZUNG UND
BEARBEITUNG DES TEXTES:
ALMUT CARSTENS

ORBIS VERLAG

Inhalt

BILDTAFELN

Einführung

Dieses Werk ist für den interessierten Liebhaber und Studenten gedacht. Es soll ihm ermöglichen, Bauwerke und architektonische Details zu erkennen und stilistisch einzuordnen, Fachbegriffe, Epochenbezeichnungen und Namen der Architekten nachzuschlagen und Konstruktionen zu verstehen. Zu diesem Zweck ist das Werk in fünf Teile gegliedert. Im ersten Teil werden die Bauwerke (1.), die Konstruktionselemente und Einzelteile (2.) und die ornamentalen Motive (3.) in vereinfachenden, auf das Wesentliche sich konzentrierenden Zeichnungen dargestellt. Im zweiten, lexikalischen Teil werden die wichtigsten Fachbegriffe erklärt und die berühmtesten Architekten vorgestellt. Auf die dazugehörigen Abbildungen wird jeweils verwiesen. Der dritte Teil bringt in Form von Zeittafeln eine graphische Übersicht über die Epochen. Dieselbe Form der Darstellung erlaubt es, im vierten Teil schnell zu erfassen, in welcher Epoche die berühmtesten Architekten gelebt haben. Die Karten im fünften Teil zeigen die Orte mit den berühmtesten Bauwerken zu verschiedenen Epochen. Insgesamt führt das Werk etwa 1500 Begriffe und Namen auf.
Eine besondere Schwierigkeit für den deutschen Übersetzer und Bearbeiter dieses ursprünglich in England erschienenen Werkes bestand darin, daß die Autoren sich stark am anglo-amerikanischen Kanon orientieren. Da jedoch die Baukunst der britischen Inseln im deutschsprachigen Raum oft unterschätzt wird und viel zu wenig bekannt ist, mag diese Eigenart des Werkes den Benutzer dazu animieren, sich u. a. auch einmal etwas stärker mit den bedeutenden Leistungen Großbritanniens und der USA in der Architektur zu befassen.

Hinweise

Ein Schrägstrich (.../...) zwischen zwei Begriffen bedeutet, daß beide Begriffe in etwa gleichwertig sind.
In Klammern (...) sind knappe Erläuterungen gesetzt. Nähere Erläuterungen findet der Benutzer im lexikalischen Teil, der generell für alle Begriffe genutzt werden sollte!
In Anführungszeichen (»...«) sind wörtliche Übersetzungen fremdsprachiger Begriffe gesetzt.
Der Maßstab der Zeichnungen ist nicht einheitlich!

1.01

HAUS UND TEMPEL DER ANTIKE

A Römisches Wohnhaus
1 Vestibulum (Eingangshalle, Vorraum)
2 Fauces (Eingang)
3 Cella (Kammer)
4 Cubiculum (Schlafzimmer)
5 Atrium (Hauptraum)
6 Impluvium (Wasserbecken)
7 Ala (Seitenraum zum Atrium)
8 Tablinum (Speise-, Empfangsraum)
9 Apotheca (Speicher)
10 Andron (Verbindungsgang)
11 Triclinium (Speisezimmer)
12 Peristyl(ium) und Hortus (Säulenhalle und Garten)
13 Cubiculum (Schlafzimmer)
14 Exedra (Gesellschaftsraum)
15 Oecus (Saal)
16 Latrina (Abtritt)
17 Culina (Küche)

B Griechischer Tempel
18 Opistodomos (rückwärtige Halle)
19 Adyton, Abaton (das Allerheiligste)
20 Kultbild
21 Naos/Cella (Hauptraum)
22 Pronaos (Vorraum)
23 Krepidoma (oberirdischer Teil des Unterbaus)
24 Peristyl(ium) (Säulenhalle)
25 Akroter(ion) (Giebelverzierung)

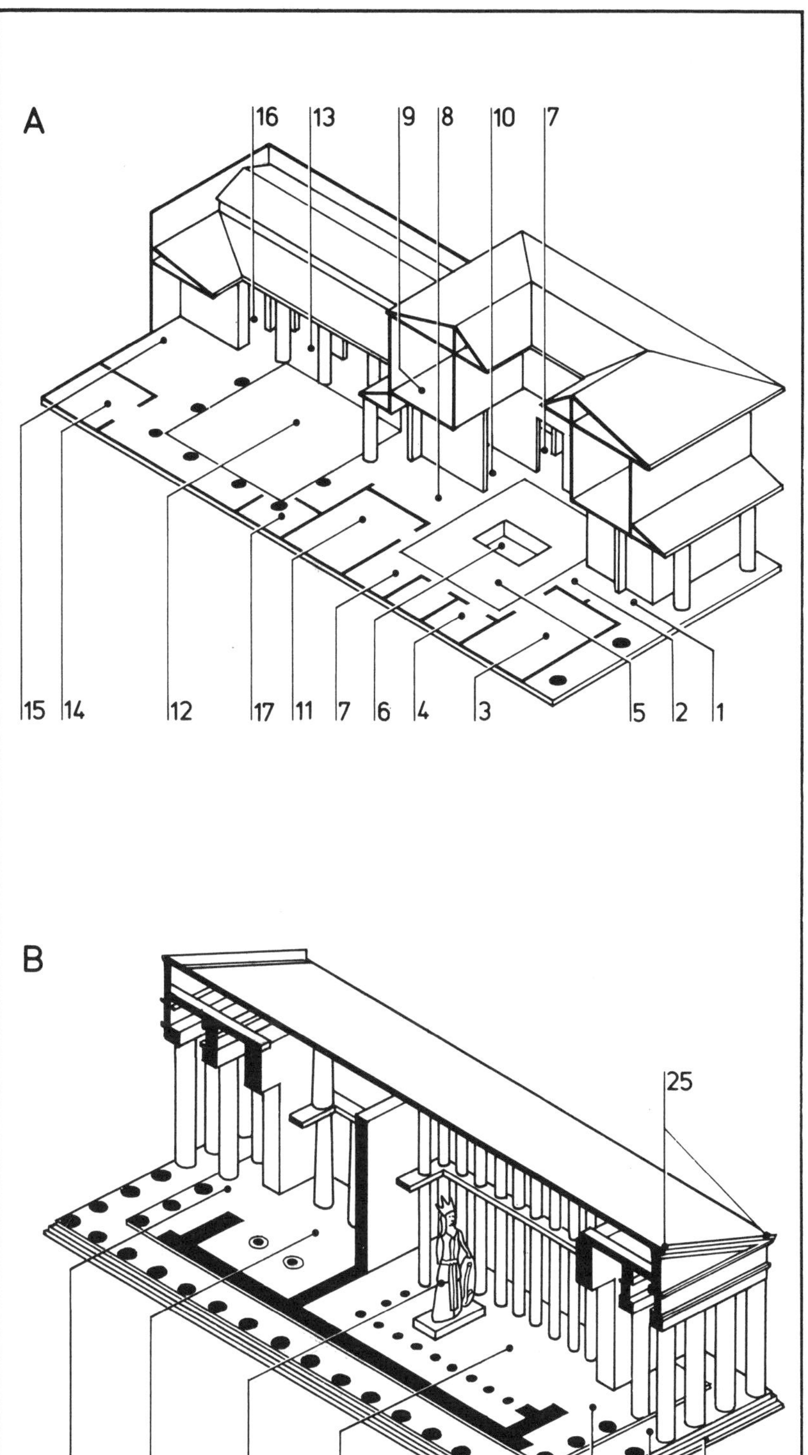

1.02

BÄDER UND THEATER DER ANTIKE

A Thermen (Öffentliche Bäder)
(a) Hauptgebäude
1 Frigidarium (Kaltbad)
2 Vestibulum (Vorhalle)
3 Apodyterium (Auskleideraum)
4 Zentrale Halle
5 Ephebeum (Turnhalle)
6 Badekabinen
7 Tepidarium (Warmbad)
8 Caldarium (Heißbad)
(b) Umgebende Anlage
9 Exedra (Sitzplatz)
10 Haupteingang
11 Ruheräume
12 Bibliothek
13 Theater

B Theater
14 Diazoma (Umgang)
15 Cuneus (Sitzreihen)
16 Parodos (seitlicher Zugang)
17 Logeion (Rednertribüne)
18 Skene (Bühnenrückwand)
19 Auditorium (Zuschauerraum)
20 Hyposkenion (Unterbühne)
21 Proskenion (Bühne)

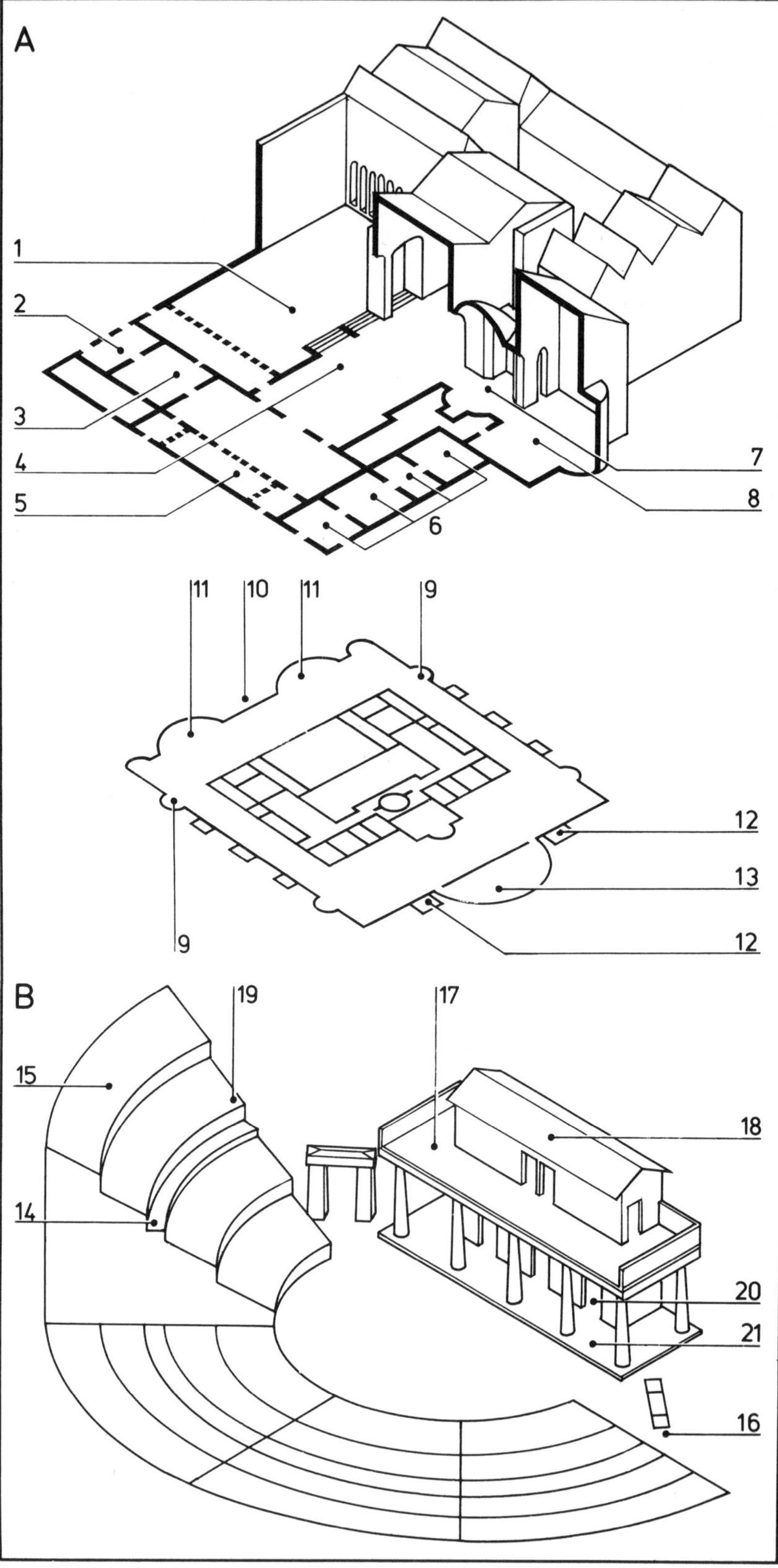

1.03

TEMPELFASSADEN, -FORMEN UND -GRUNDRISSE

A Teile der Fassade
1 Tympanon (Giebelfeld)
2 Akroter(ion) (Giebelverzierung)
3 Triglyphe (Dreischlitzplatte)
4 Metope (Zwischenfeld)
5 Taenia (vorspringende Leiste)
6 Regula (kleine Platte)
7 Guttae (tropfenartige Gebilde)
8 Abakus (Deckplatte)
9 Echinus (»Polster«)
10 Anulus (Ring)
11 Stylobat (oberste Stufe)
12 Quadriga (Viergespann) nicht eingezeichneter plastischer Schmuck
13 Verdachung
14 Gesims
15 Fries
16 Architrav (waagerechter Balken)
17 Gebälk
18 Kapitell (Säulenkopf)
19 Schaft
19a Entasis (Schwellung)
20 Säule
21 Krepidoma (oberirdischer Teil des Unterbaus)

B Tempelformen
22 Henostylos (einsäulig)
23 Distylos (zweisäulig)
24 Tristylos (dreisäulig)
25 Tetrastylos (viersäulig)
26 Pentastylos (fünfsäulig)
27 Hexastylos (sechssäulig)
28 Heptastylos (siebensäulig)
29 Oktastylos (achtsäulig)
30 Enneastylos (neunsäulig)
31 Dekastylos (zehnsäulig)
32 Dodekastylos (zwölfsäulig)

C Grundrisse
33 Antentempel
34 Doppelantentempel
35 Peripteros
36 Pseudoperipteros
37 Dipteros
38 Pseudodipteros
39 Peridromos
40 Pteron

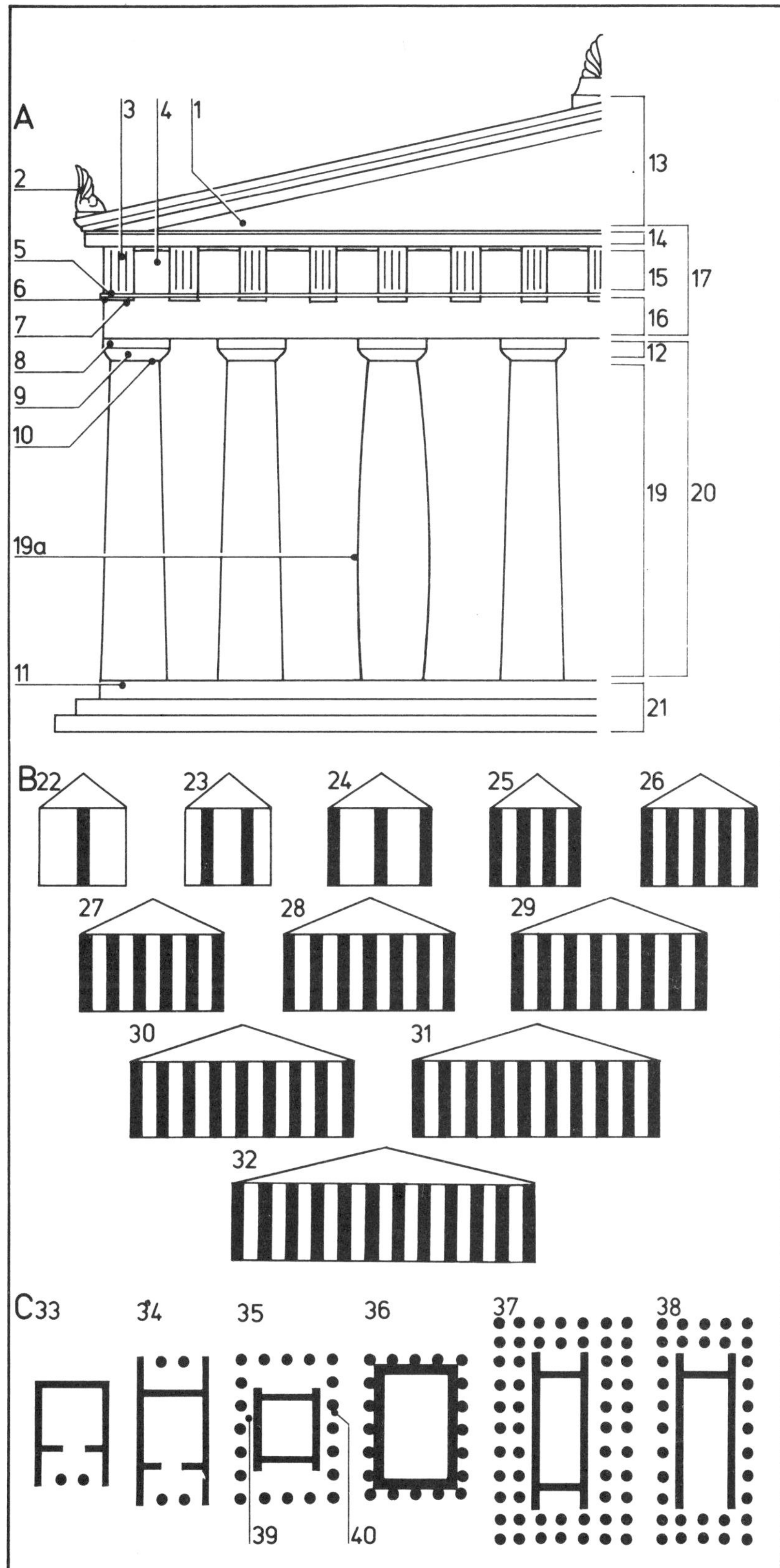

1.04

BAUWERKE

DIE ANTIKEN SÄULENORDNUNGEN

A Griechische Ordnungen
1 Dorische Ordnung
2 Ionische Ordnung
3 Korinthische Ordnung

B Römische Ordnungen
4 Tuskische Ordnung
5 Römisch-dorische Ordnung
6 Kompositordnung

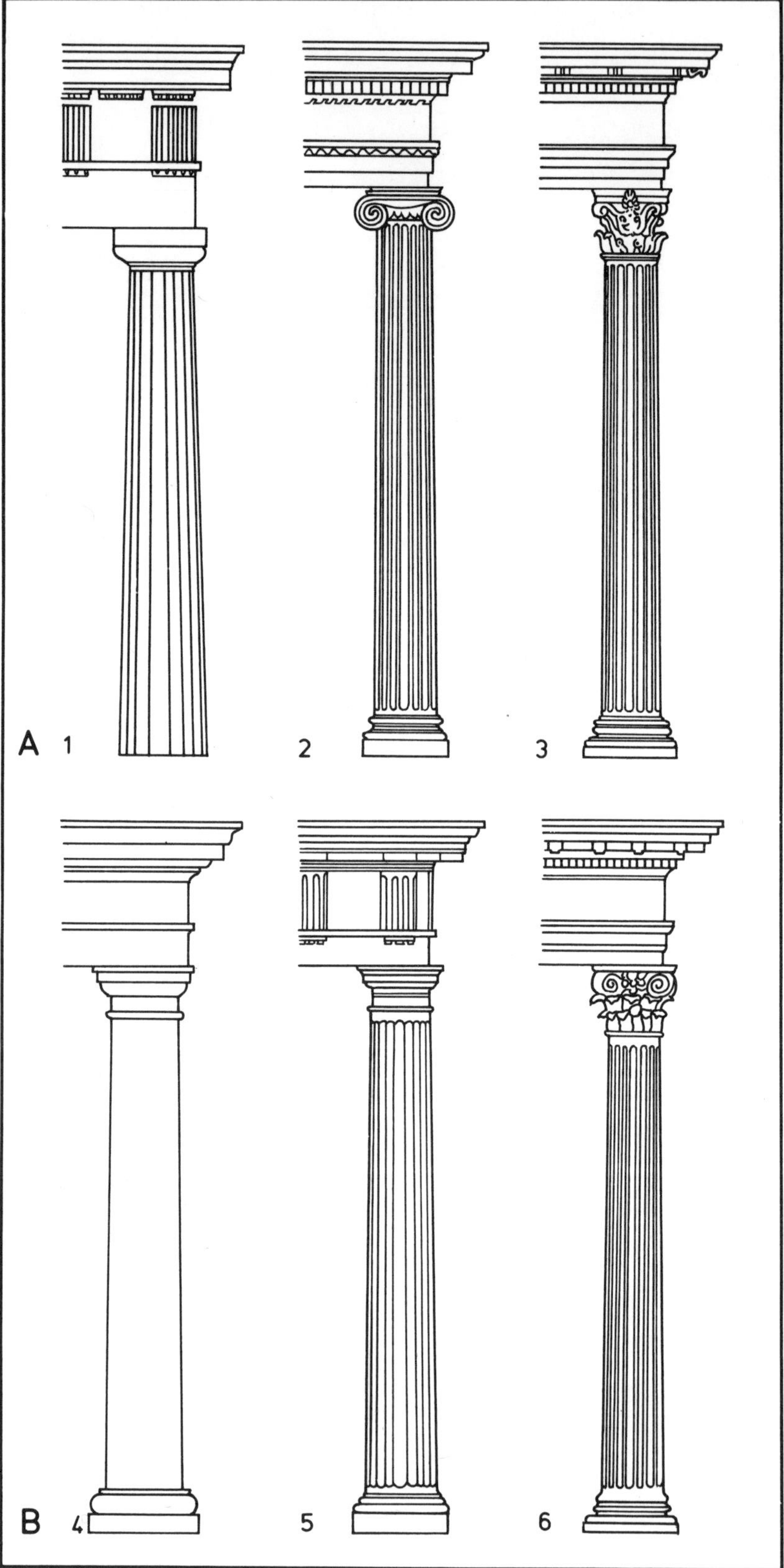

1.05 DIE ANTIKEN ORDNUNGEN: DIE SÄULE UND IHRE BESTANDTEILE

A Die (römisch)-dorische Ordnung
1 Mutulus (Hängeplatte)
2 Triglyphe (Dreischlitzplatte)
3 Guttae (tropfenförmige Gebilde)
4 Halsring
4a Hypotrachelion (Säulenhals)
5 Astragal (Eierstab, Perlstab)

B Die ionische Ordnung
6 Bilderfries
7 Ionische Kyma
8 Eckvoluten

C Die korinthische Ordnung
9 Modillon (Konsole)
10 Zahnschnitt
11 Akanthusblätter, die einen Kranz um das Kapitell bilden

D Postament und Basis
12 Torus (Wulst)
13 Trochilus (Hohlkehle)
14 Plinthe (Gußplatte)
15 Postamentwürfel
16 Basis
17 Postament

E Säulenstellungen (die Ziffern zwischen den Säulen [im Interkolumnium], geben das Verhältnis zwischen unterem Säulendurchmesser und Interkolumnium an)
18 Pyknostylos (engsäulig)
19 Systylos
20 Eustylos (schönsäulig)
21 Diastylos (weitsäulig)
22 Aräostylos (lichtsäulig)

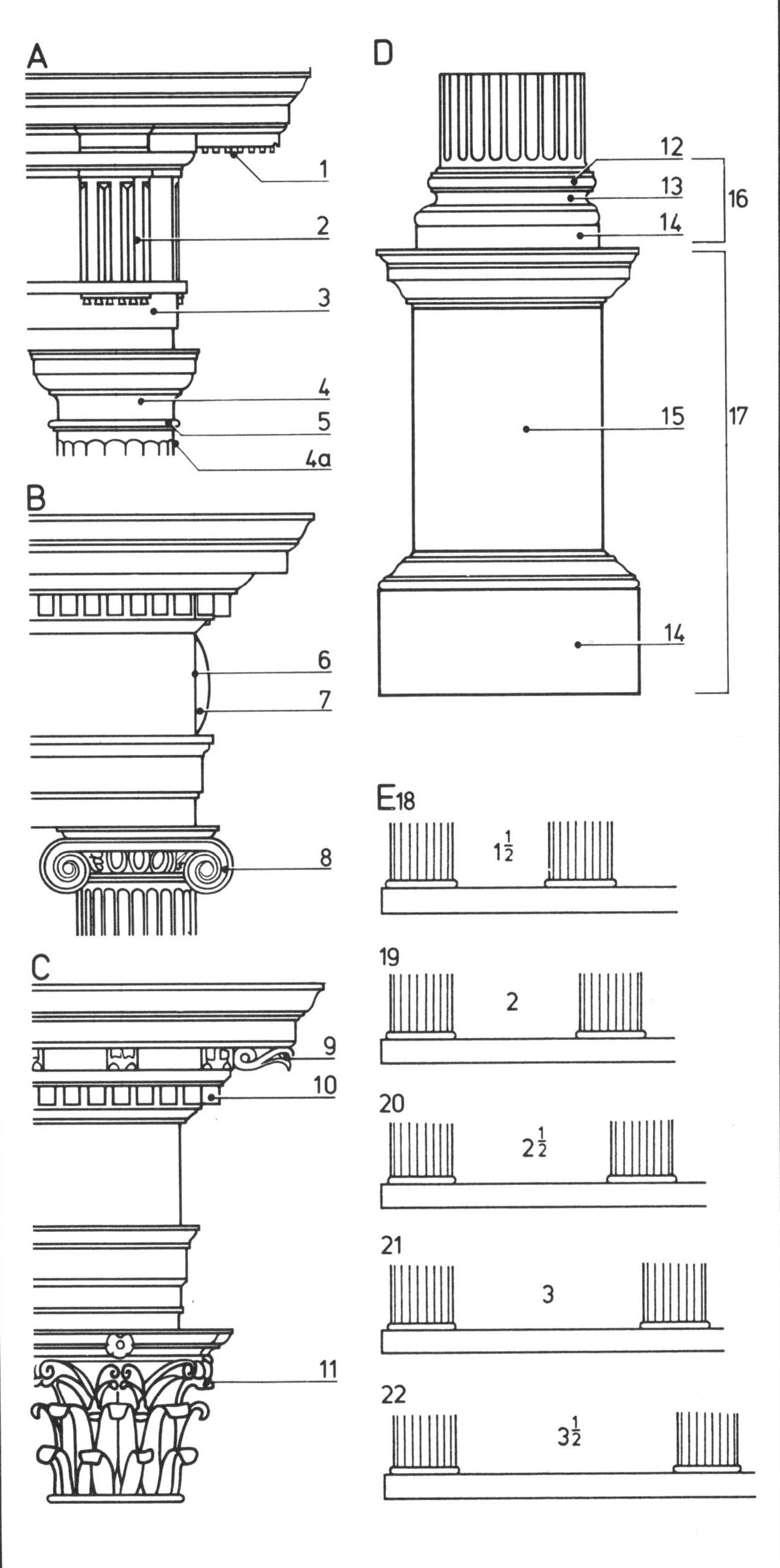

1.06 ANTIKE UND MITTELALTERLICHE SÄULEN UND KAPITELLE

A Bestandteile der Säule
1 Kapitell (Säulenkopf)
2 Abakus (Deckplatte)
3 Schaft
4 Basis
5 Schaftring, Bund, Wirtel
6 Halsring
7 Apophyge (Verbindungskehle)

B Varianten
8 Karyatide
9 Atlant, Gigant, Telamon
10 Kannelierte Säule
11 Schlangensäule
12 Rustizierte Säule
13 Salomónica

C Kapitellformen
14 Lotosknospenkapitell
15 Papyroskapitell
16 Volutenkapitell
17 Palmenkapitell
18 Persisches Kapitell
19 Blattkapitell
20 Würfelkapitell
21 Pfeifenkapitell
22 Wasserblattkapitell
23 Krabben-, Kriechblumenkapitell
24 Korinthisches Kapitell

D Säulen- und Pfeilergrundrisse
25 Gekuppelte Säule
26 Achteckige Säule
27 Gekehlte Säule
28 Bündelpfeiler
29 Bündelsäule
30 Schaftring
31 Sockel
32 Pilaster, Wandpfeiler
33 Wandsäule

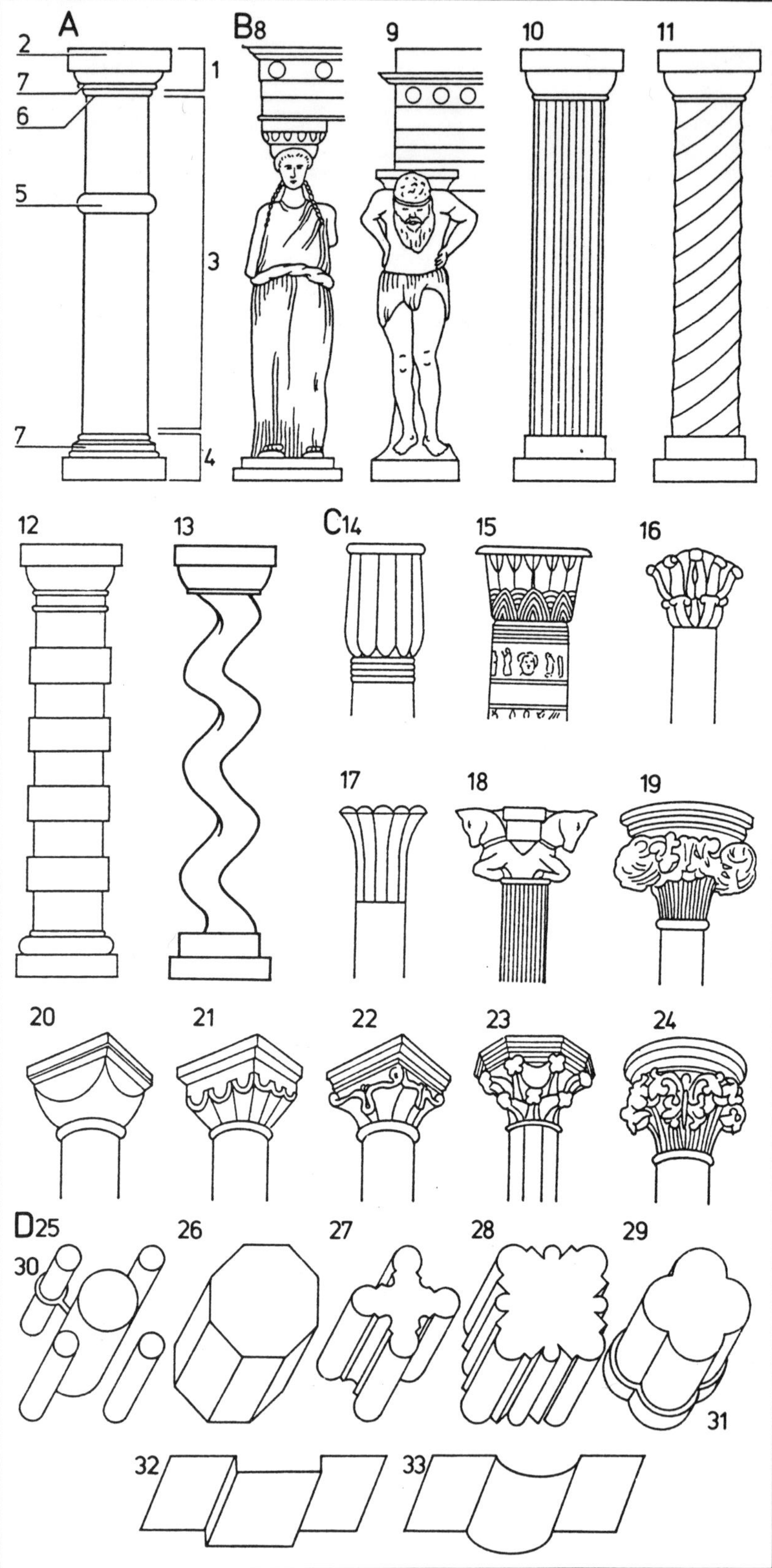

1.07

MITTELALTERLICHE BURG UND FESTUNGSANLAGE

A Burg
1 Barbakane (Vorwerk, Außentor, Brückenkopf)
2 Damm
3 Palisade
4 Halsgraben
5 Wachtturm
6 Zugbrücke
7 Poterne (Ausfallpforte)
8 Eskarpe (innere Grabenwand)
9 Zingel, Bering, Mantel-, Ringmauer
10 Fallgatter
11 Bergfried
12 Innenhof
13 Zwinger
14 Torhaus
15 Schieß-, Bogenscharte
16 Eckturm
17 Flankenturm
18 Bastion
19 Brustwehr
20 Kapelle
21 Abtritterker

B Wehrmauer
22 Maschikulis (Gußlochreihe)
23 Deckung des Wehrgangs, Letze
24 Scharte
25 Zinnenzacke
26 Hurde
27 Brüstung
28 Konsole, Kopfstein

C Bestandteile der Festungsanlage
29 Böschung
30 Berme (Absatz)
31 Schützenstand
32 Schilderhaus
33 Graben
34 Kontereskarpe (äußere Grabenwand)
35 Gedeckter Wehrgang
36 Traverse
37 Ravelin (Vorschanze, Halbmund)
38 Glacis (Aufschüttung, Feldabdeckung)

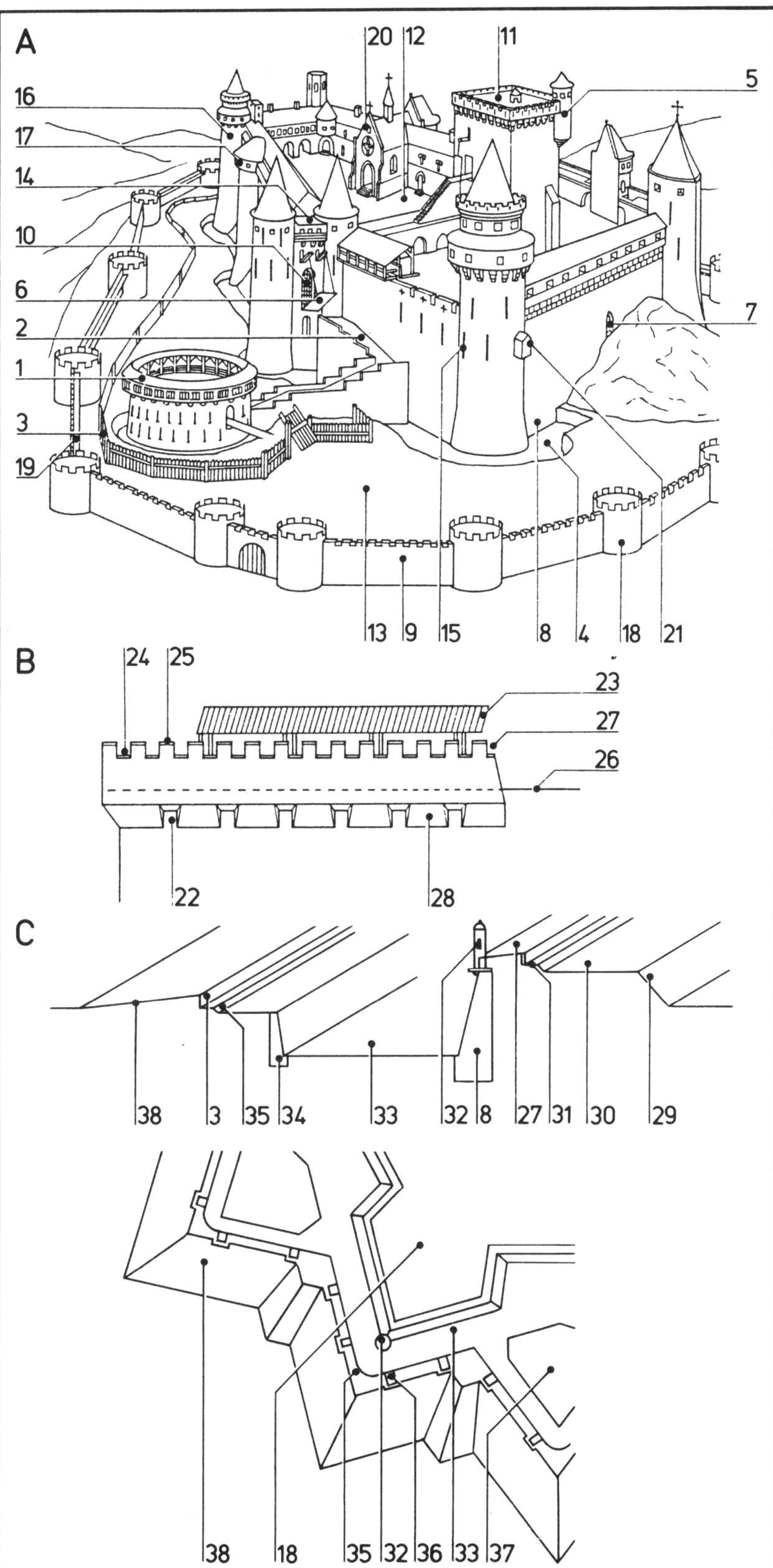

1.08

KIRCHENBAU: AUSSEN

A Dächer und Türme
1 Glockengiebel
2 Scharwachtturm
3 Turm
4 Zinnenkranz
5 Fiale
6 Lufttürmchen
7 Pyramiden-, Zeltdach
8 Faltdach
9 Spitzturm
10 Wetterfahne
11 Achteckiger Spitzturm
12 Helm
13 Campanile
14 Rauchöffnung
15 Glockenstuhl
16 Sanktusglocke
17 Krabbe, Kriechblume

B Seitliche Bauteile
18 Strebepfeiler
19 Strebe-, Schwibbogen
20 Vorhalle
21 Wasserspeier
22 Abtraufe, Speirohr
23 Sockel
24 Lichtgaden
25 Baptisterium, Taufkapelle
26 Zwerggalerie

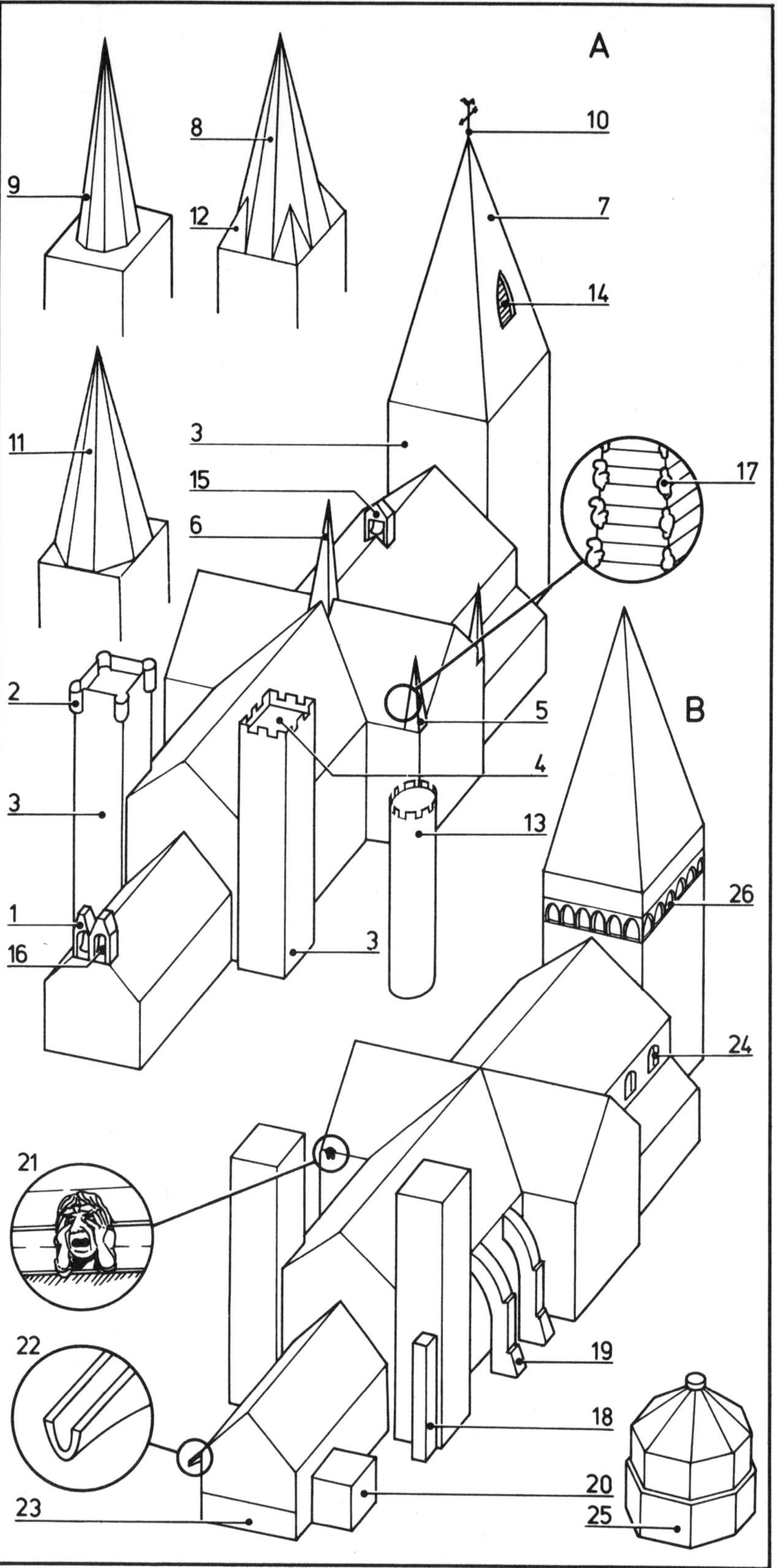

BAUWERKE

KIRCHENBAU: GRUNDRISSE

A Basilika
1 Kapelle
2 Chorumgang, Deambulatorium
3 Altar
4 Chor
4a Krypta (Gruft)
5 Vierung
6 Seitenschiff
7 Kapellennische
8 Querschiff
8a Südteil
8b Nordteil
9 Mittelschiff
10 Votivkapelle
11 Seitenschiff
11a südliches
11b nördliches
12 Vorhalle
13 Marienkapelle
14 Presbyterium (Priesterraum)
15 Sakristei (Ankleide- und Aufbewahrungsraum)
16 Kapitelhaus
17 Kreuzgang
18 Narthex/Galiläa/Paradies (Vorhalle)
19 Trenngitter zur Marienkapelle
20 Chorschranke
21 Slype

B Kreuzkuppelkirche
22 Atrium (Vorhalle)
23 Narthex/Galiläa/Paradies
24 Parakklesion (Fürbittraum)
25 Apsis
26 Bema, Hieratikum (erhöhtes Presbyterium)
27 Ikonostase (Bildwand)
28 Empore
29 Prothesis (eine der Pastophorien = Nebenräume der Apsis)

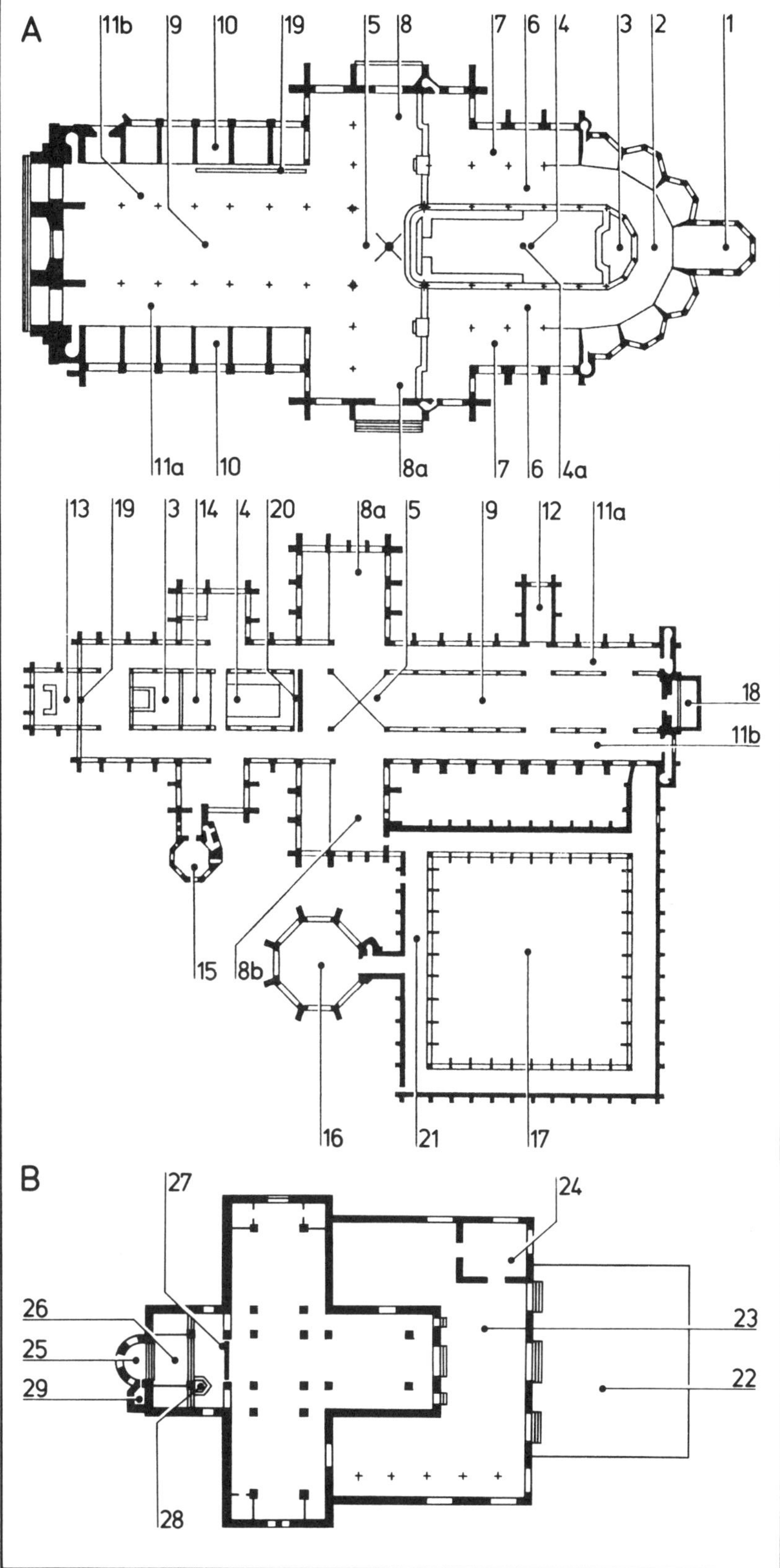

1.10

KIRCHENBAU: INNEN

1 Altar und Altarschranke
2 Sakramentshaus
3 Gedenkplatten
4 Obergaden
5 Heiliges Grab
6 Piscina (Taufbecken)
7 Wappenschilder Verstorbener
8 Wasserspeier
9 Lesepult
10 Miserikordie (»Barmherzigkeit«)
11 Kirchengestühl
12 Piscina (Becken für liturgische Waschungen)
13 Kanzel
14 Retabel (Altaraufsatz)
15a Kruzifix
15b Lettner/Doxale
16 Klopfer
17 Trenngitter zur Marienkapelle
18 Dreisitz, Levitenstuhl
19 Weihwasserbecken
20 Triforium (Laufgang)
21 Hagioskop (Durchblick zum Altar)
22 Tabernakel
23 Chorschranke
24 Kredenztisch

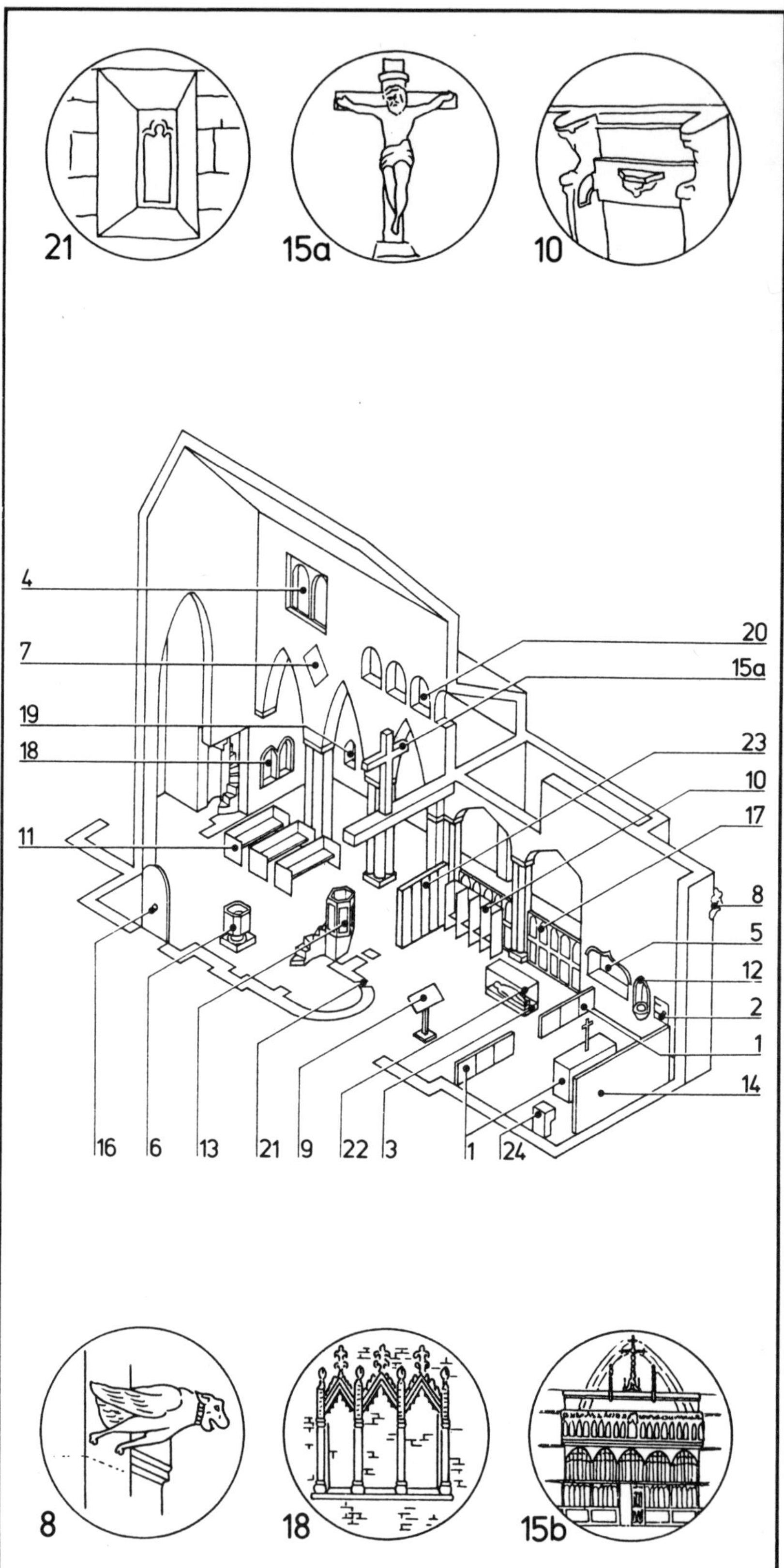

1.11

KIRCHENFENSTER

A Fensterformen und -bestandteile
1 Ochsenauge
2 Säule
3 Mittelpfosten
4 Kämpfer
5 Lanzettfenster
6 Maßwerk
7 Negatives Maßwerk
8 Nase
9 Paß
10 Nase
11 Fischblase, Schneuß
12 Flamme
13 Dreipaß
14 Vierpaß
15 Fünfpaß
16 Fensterrose

B Maßwerkformen
17 Geometrical tracery, Early-English-Periode
18 Intersected tracery (Überstabung)
19 Perpendicular-Periode (Vergittertes Maßwerk)
20 Reticulated tracery (Netzmaßwerk), Decorated-Periode
21 Flowing tracery (Maßwerk), Decorated-Periode

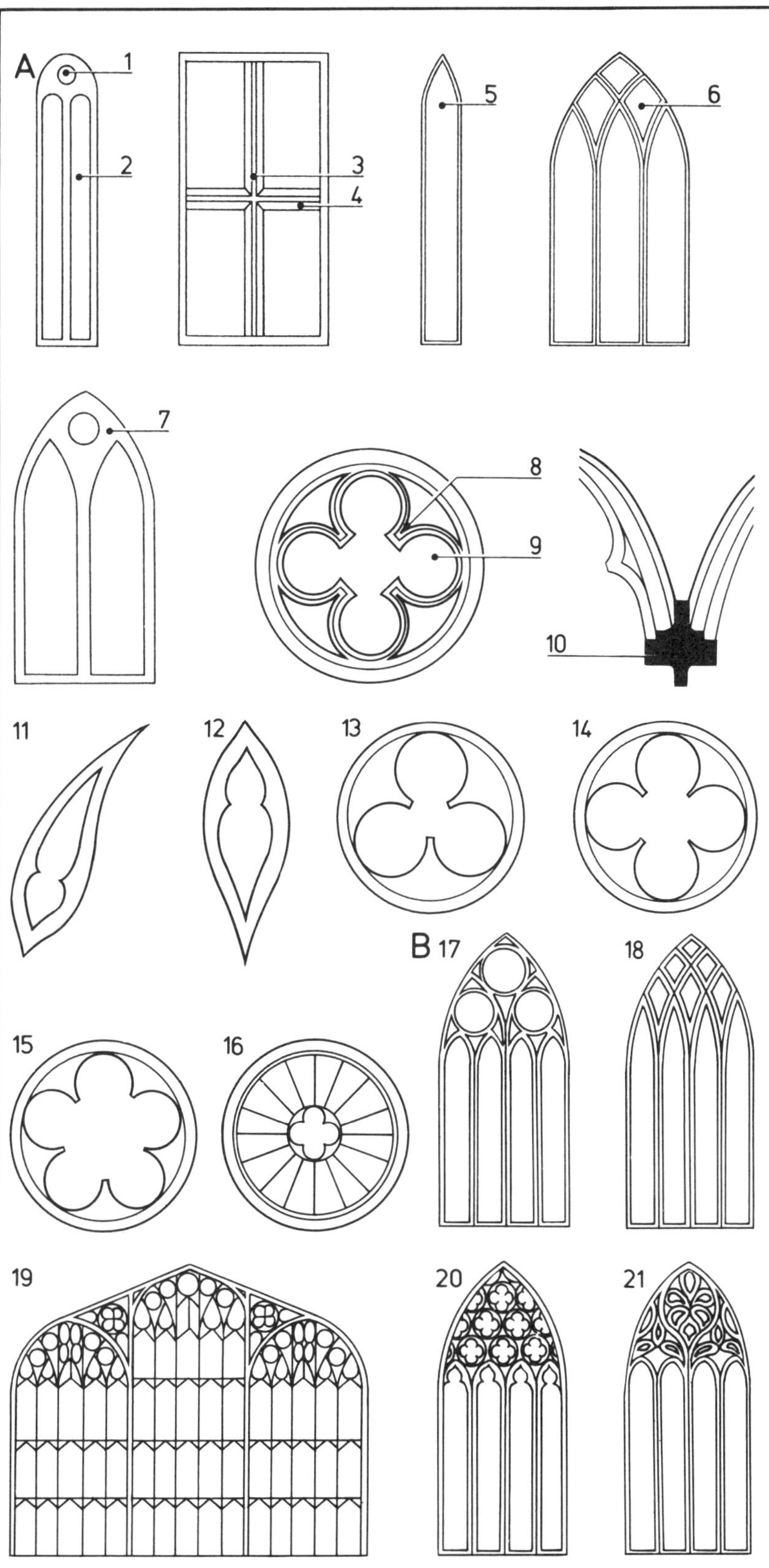

1.12

KIRCHENBAU: FASSADE UND MAUERN

A Außenmauer
1 Giebelfußstein
2 Fries
3 Arkade
4 Gurtgesims, Kordongesims
5 Sturzbogen
6 Kehlung
6a Stop chamfer (Kehlhalt)
7 Schleierwerk
8 Lang- und Kurzwerk
9 Mauerkrone
10 Hohlwand
11 Gesims
12 Sohlbank
13 Knagge
14 Banksockel
15 Nische
16 Kreuzbogen
17 Spandrille

B Strebewerk
18 Strebepfeiler
19 Strebe-, Schwibbogen
20 Spornpfeiler
21 Eckstrebewerk
22 Diagonalstrebepfeiler

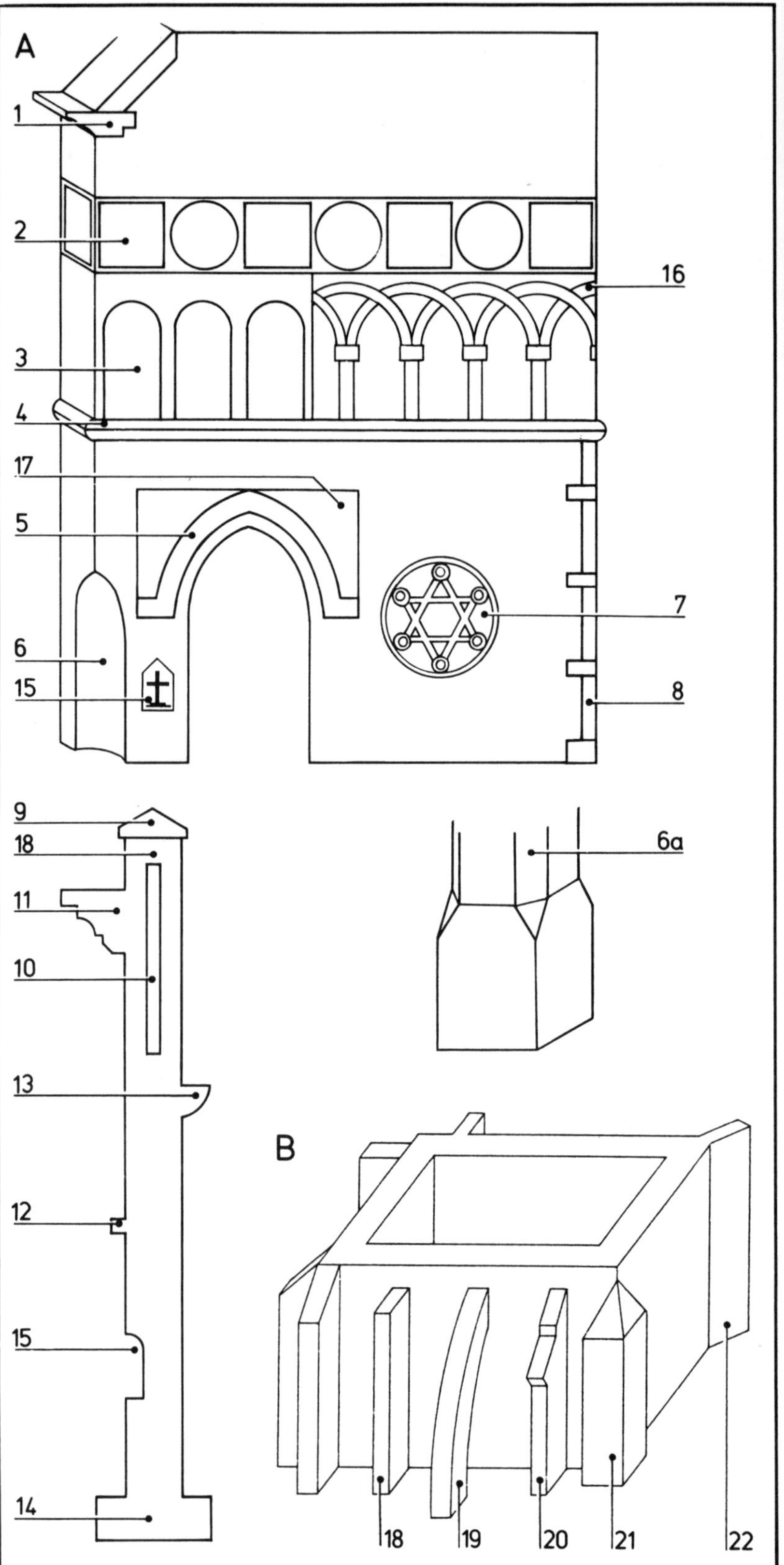

1.13

MITTELALTERLICHES WOHNHAUS

A Obergeschoß
1 Altan, Solarium, Söller
2 Treppe
3 Leiter zur Dachkammer
4 Dachkammer
5 Dach
6 Schornstein, Schlot

B Untergeschoß
7 Vorratsraum
8 Diele
9 Feuerstelle
10 Eingangsstufen
11 Eingangstür
12 Küche
13 Flur, Korridor
14 Speisekammer
15 Anrichte
16 Abort

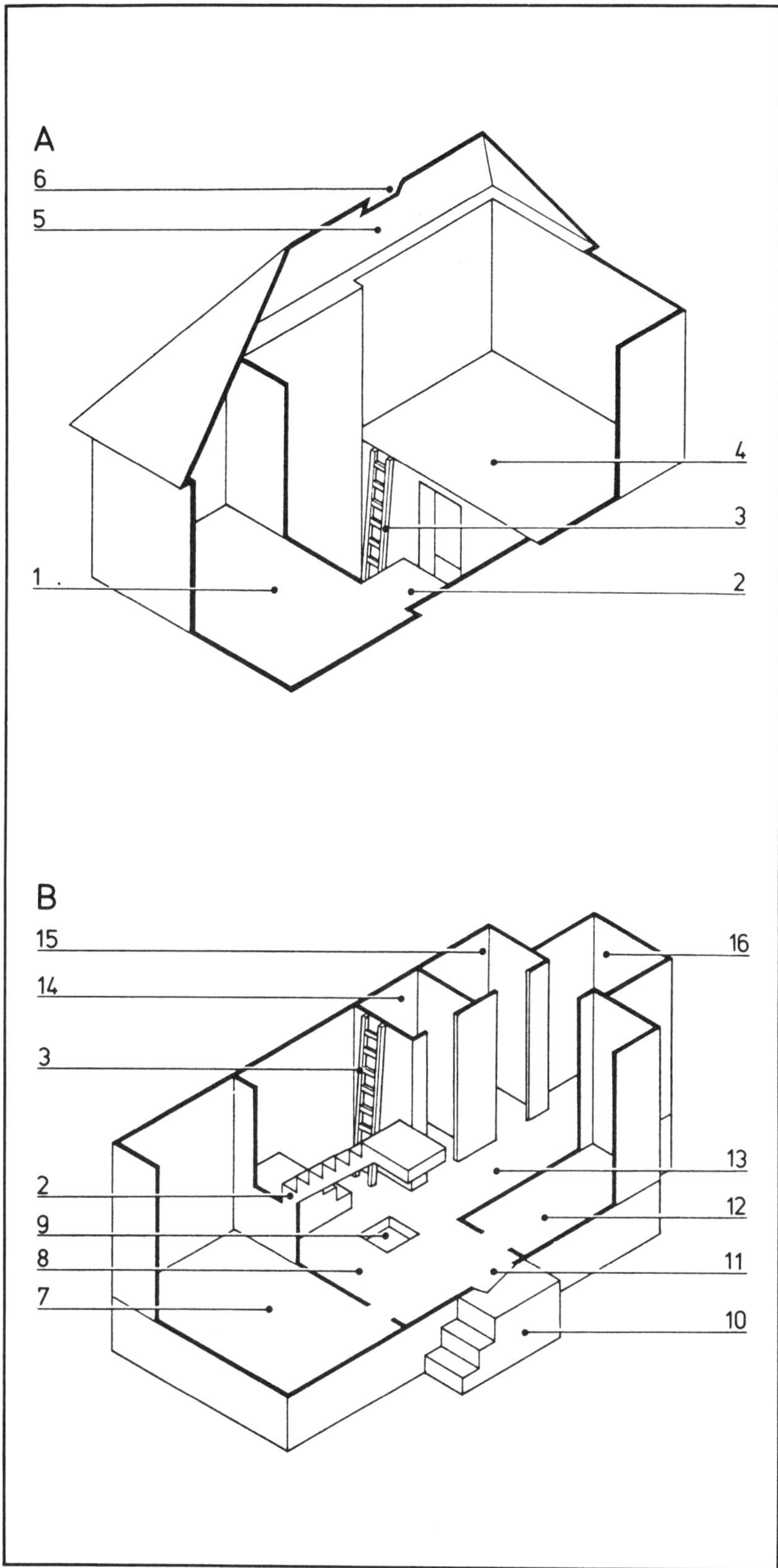

1.14 BAUWERKE
BÜRGERLICHES STADTHAUS

A Zweite Etage/Dachgeschoß
1 Dienstbotenquartier
2 Speicher

B Erste Etage
3 Schlafzimmer des Hausherrn
4 Ankleidezimmer des Hausherrn
5 Schlafzimmer der Hausfrau
6 Ankleidezimmer der Hausfrau
7 Kinderzimmer
8 Bad und Toilette
9 Treppenabsatz
10 Gästezimmer
11 Treppe

C Parterre/Erdgeschoß
12 Diele
13 Salon
14 Eßzimmer
15 Küche
16 Spülküche
17 Speisekammer
18 Frühstücksraum
19 Wohnzimmer
20 Toilette
21 Bibliothek/Herrenzimmer
22 Veranda
23 Wintergarten
24 Musikzimmer

D Kellergeschoß
25 Weinkeller
26 Vorratskeller
27 Kohlenraum
28 Kellertreppe

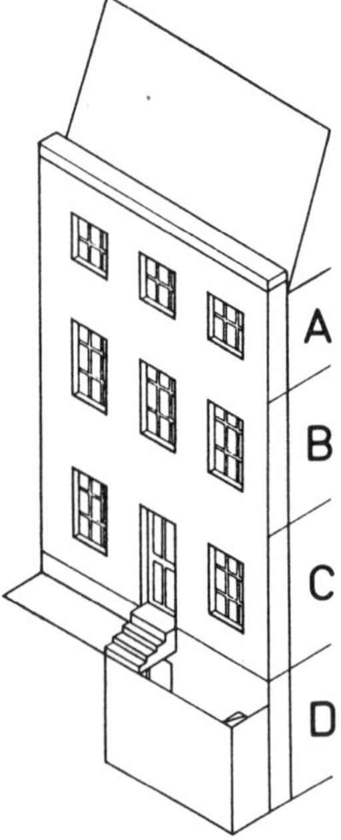

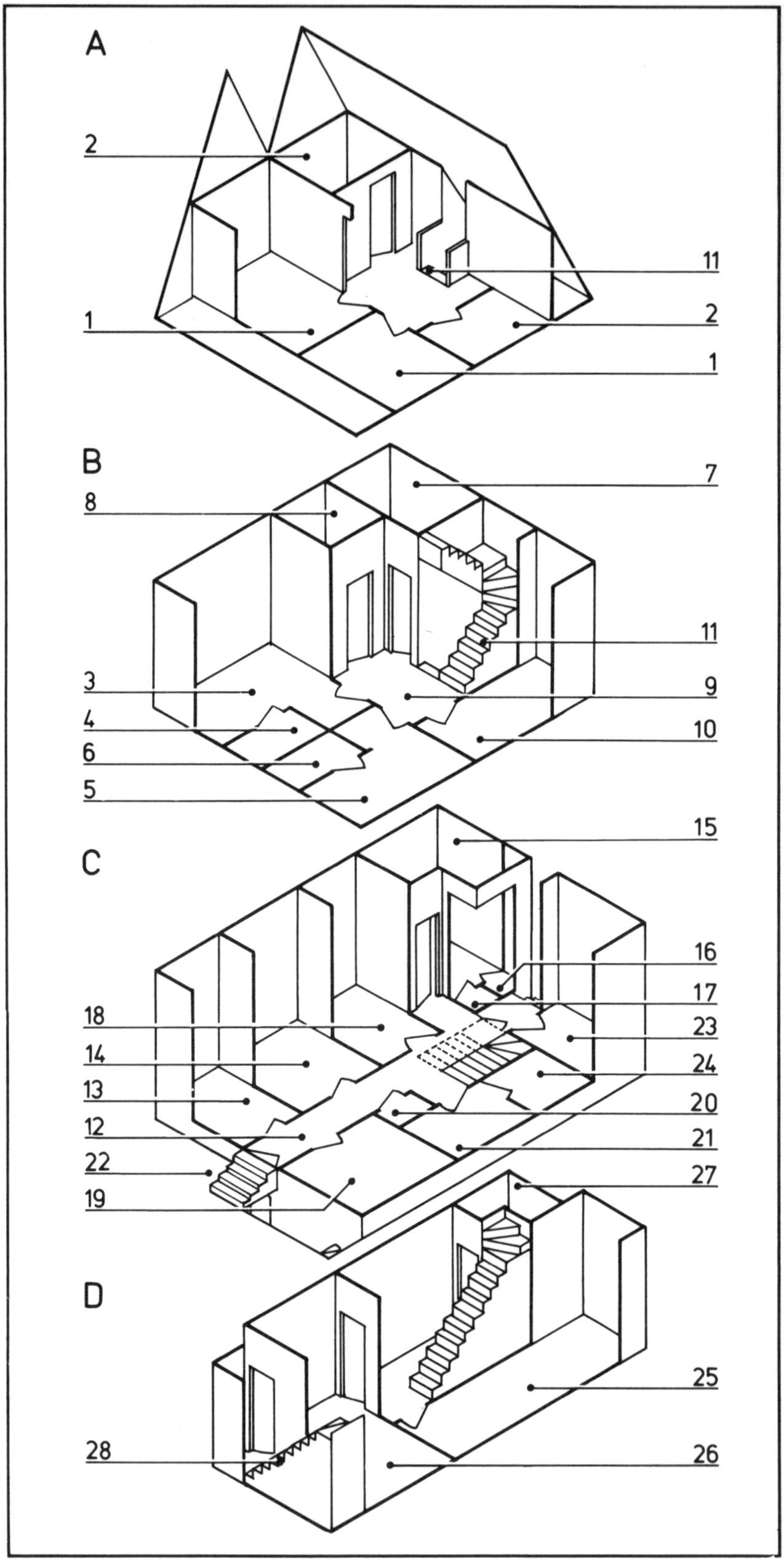

1.15

BAUWERKE

MODERNES EINFAMILIENHAUS

A Dachboden
1 Dachbodentür

B Obergeschoß/Erste Etage
2 Elternschlafzimmer
3 Zierkamin
4 Bad
5 Bad und Toilette
6 Kinderzimmer
7 Zweites Schlafzimmer
8 Gästezimmer
9 Treppenabsatz
10 Treppe ins Erdgeschoß

C Erdgeschoß/Parterre
11 Treppe ins Obergeschoß
12 Haustür
13 Hausflur
14 Wohnzimmer
15 Kamin
16 Eßzimmer
17 Wintergarten
18 Frühstückstheke
19 Küche
20 Hintertür
21 Speisekammer
22 Toilette
23 Kellertür und -treppe

D Kellergeschoß
24 Treppe ins Erdgeschoß
25 Flur, Korridor
26 Waschküche
27 Garage
28 Werkstatt/Hobbyraum
29 Weinkeller
30 Vorratsschrank
31 Garagentor

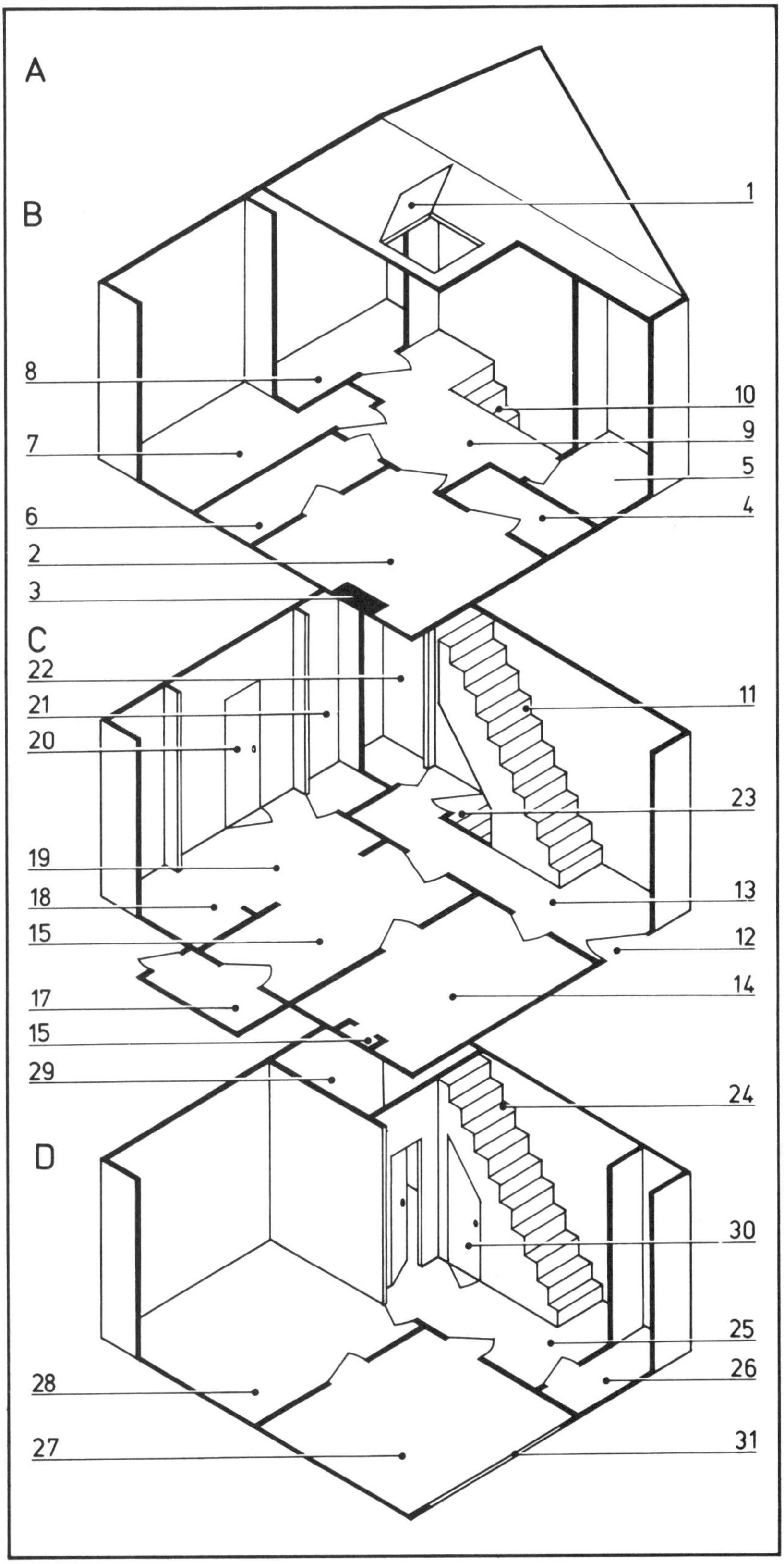

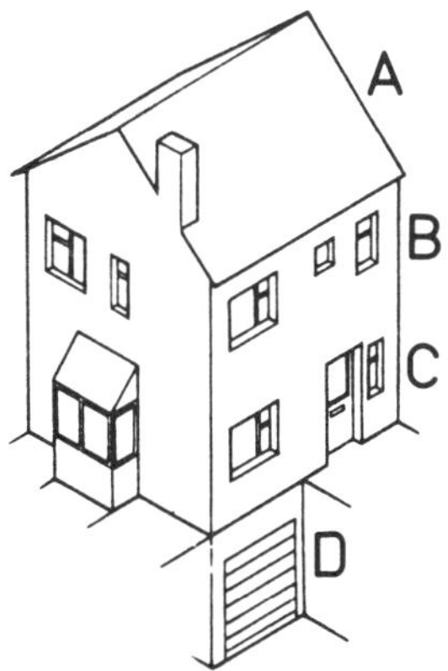

2.01

TEKTONIK
MAUERWERK

A Grundformen (antik)
1 Bruchsteinmauerwerk
2 Feldsteinmauerwerk
3 Quadermauerwerk
4 Polygonalmauerwerk

B Grundformen (neuzeitlich)
5 Unregelmäßiges Mischmauerwerk
6 Lagerhaftes Mischmauerwerk
7 Unregelmäßiges Schichtenmauerwerk
8 Regelmäßiges Schichtenmauerwerk

C Römische Mauerverbände
9 Zyklopenmauerwerk
10 Opus incertum
11 Opus reticulatum
12 Opus isodomum

D Steinbearbeitung
13 Spitzen mit Kantenschlag
14 Scharrieren
15 Bossieren mit Kantenschlag
16 wurmlinig verzieren

E Steinbettung und -setzung
17 Natürlich
18 Hochkant
19 Senkrecht
20 Gittermauerwerk

F Mauerbegrenzungen
21 Mauersohle
22 Lang- und Kurzwerk
23 Mauerkrone

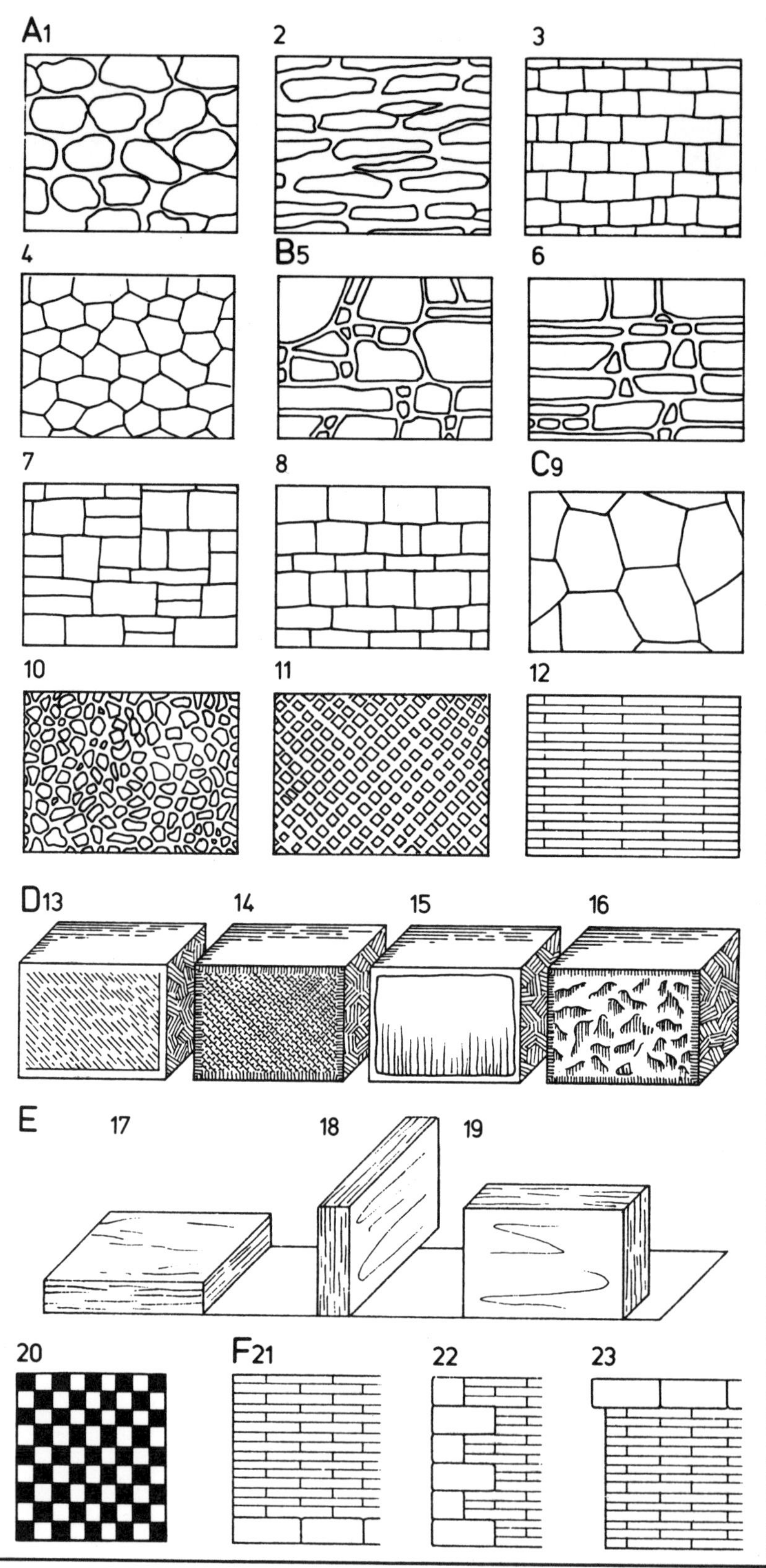

2.02

TEKTONIK
BACKSTEINBAU

A Backsteinteile und -formen
1 Lagerfläche
2 Mulde
3 Läuferfläche
4 Sichtfläche
5 Kopffläche
6 Querseite
7 Halber Stein
8 Dreiviertelstein
9 Schließziegel
10 Ziegel mit abgeplatteter Ecke
11 Längshalbsteinziegel
12 Riemchen

B Backsteinsetzungen
13 Läuferschicht
14 Binderschicht
15 Aufrechtstehende Ziegelschicht
16 Aufrechtstehende Ziegelschicht mit sichtbarer Seite
17 Rollschicht
18 Läuferschicht mit sichtbarer Seite

C Backsteinarten
19 Vollziegel
20 Luftziegel
21 Gestreifter Ziegel
22 Keilziegel
23 Wölbziegel
24 Normannischer Ziegel

D Mauerstärken
25 71 mm
26 115 mm
27 365 mm (Zweischaliges Mauerwerk)
28 240 mm (1 Stein)
29 365 mm (1½ Stein)
30 240 mm (mit Rollschichten)

E Fugenarten
31 Abgeschrägte Fuge
32 Hohlrunde Fuge
33 Spitzfuge 1
34 Preßfuge
35 Bördelfuge
36 Spitzfuge 2
37 Vollfuge
38 Stocherfuge
39 Abgestrichene Fuge
40 Ausgekratzte Fuge

F Wandanker, Bankeisen
41 Rechteckeisen
42 Doppelhaken
43 Verstellbarer Doppelhaken
44 Maschendraht
45 Wellkrampe
46 Achtförmiger Wandanker

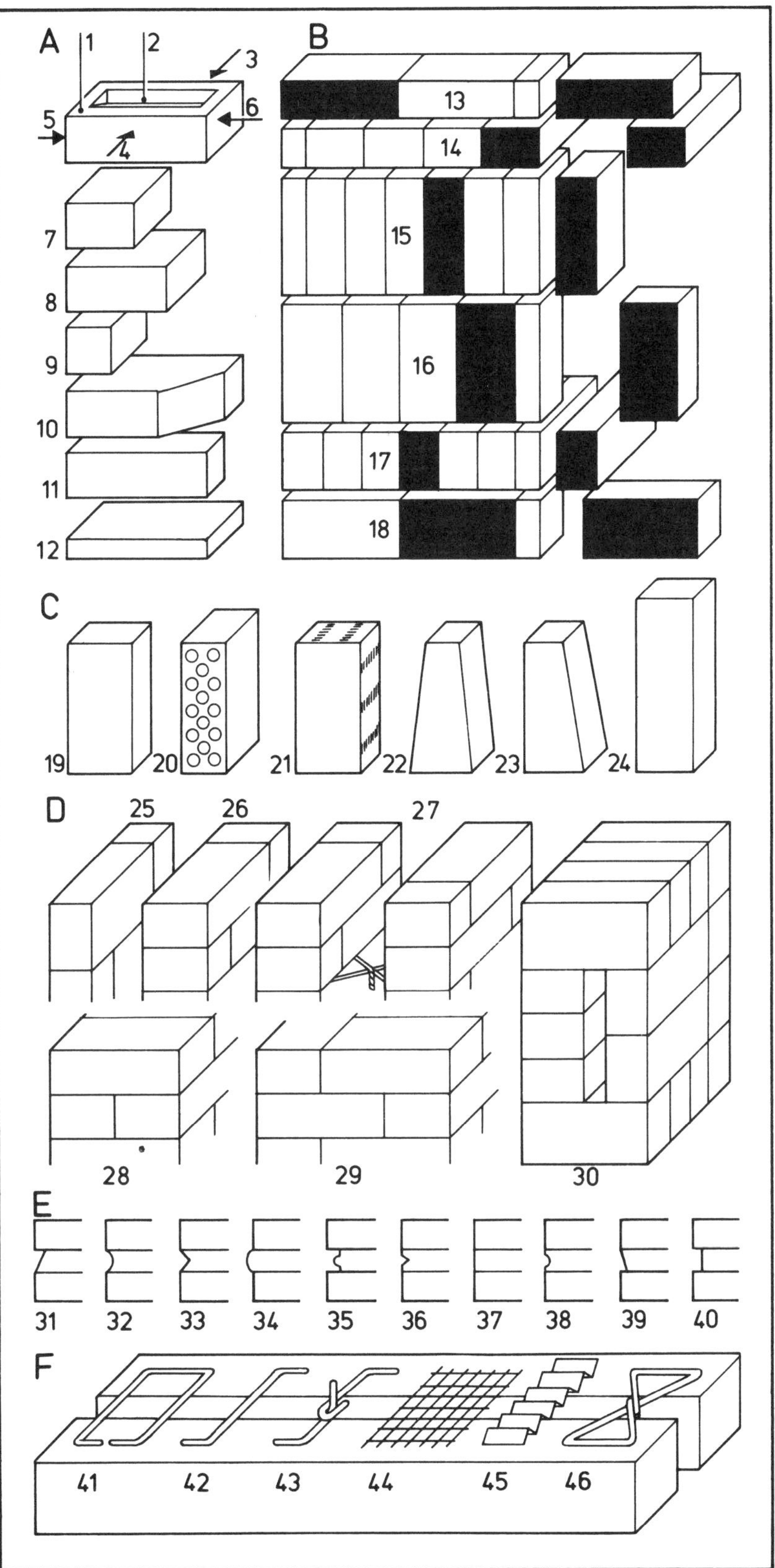

2.03

TEKTONIK
BACKSTEINVERBÄNDE

1 Läuferverband
2 Läuferverband, um ein Drittel versetzt
3 Parallelverband
4 Amerikanischer Verband
5 Blockverband
6 Gotischer Verband
7 Englischer Verband
8 Zierverband 1
9 Zierverband 2
10 Doppelkreuzverband
11 Wilder Verband
12 Märkischer Verband
13 Hohlmauerwerksverband mit stehenden Läufern und Bindern
14 Flämischer Verband
15 Kreuzverband
16 Fischgratverband, Ährenwerk
17 Schränkverband
18 Verband im Würfelmuster

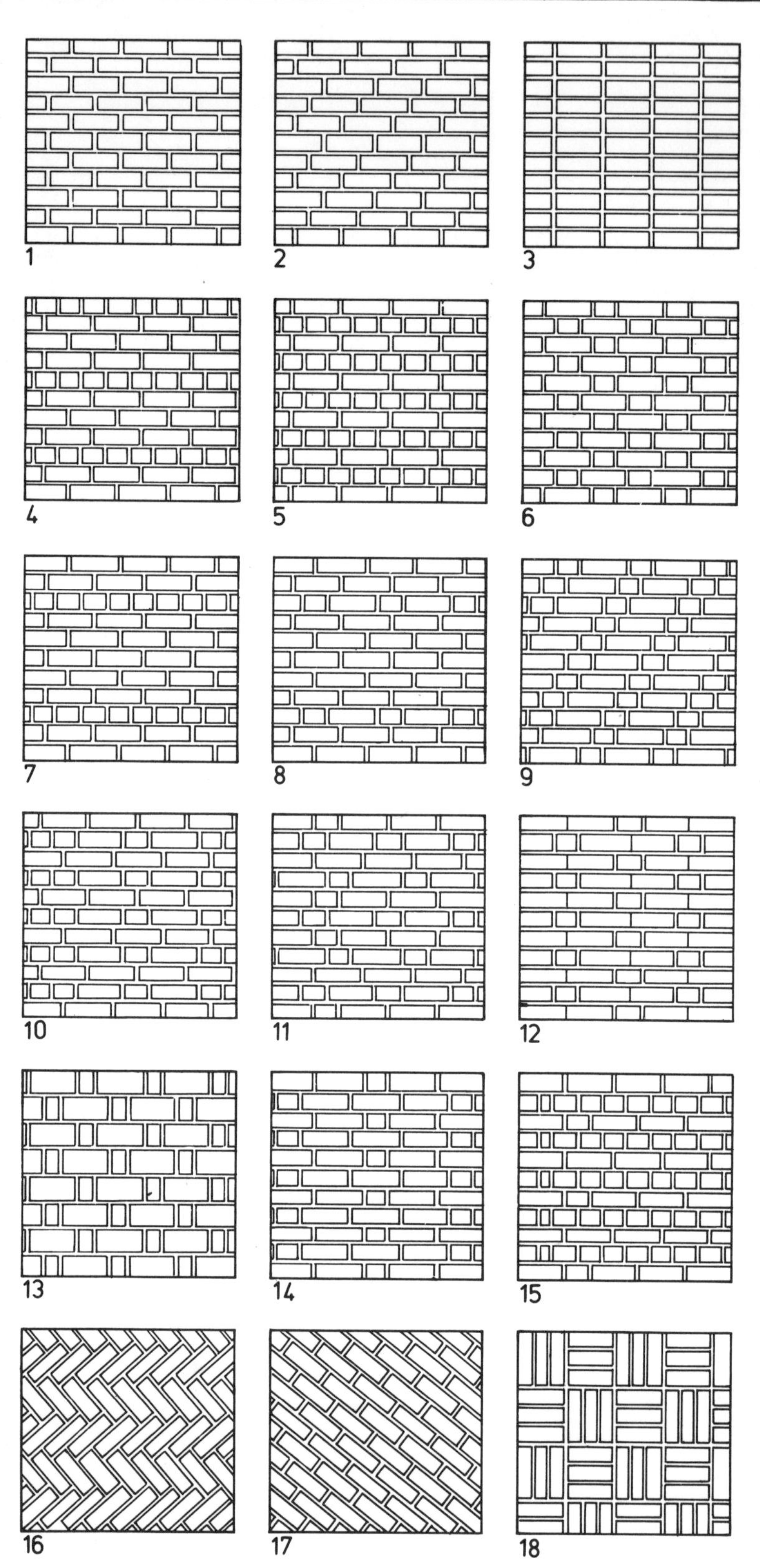

HOLZBAU

A Holzbau- und Verschalungsarten
1 Tafelbau
2 Paneel
3 Überlappende Schalung
4 Schindelverkleidung
5 Blockbau

B Holzschindelarten
6 Stufenschindel
7 Schuppenschindel
8 Zackenschindel
9 Rautenschindel
10 Maurerkellenschindel

C Schalungstechniken
11 Brett-auf-Brett-Verkleidung
12 Brett-Deckleisten-Verkleidung
13 Nut und Feder, Spundung
14 Überlattung
15 Halbe Spundung
16 Gefalzte Verschalung
17 Ausgemauertes Fachwerk

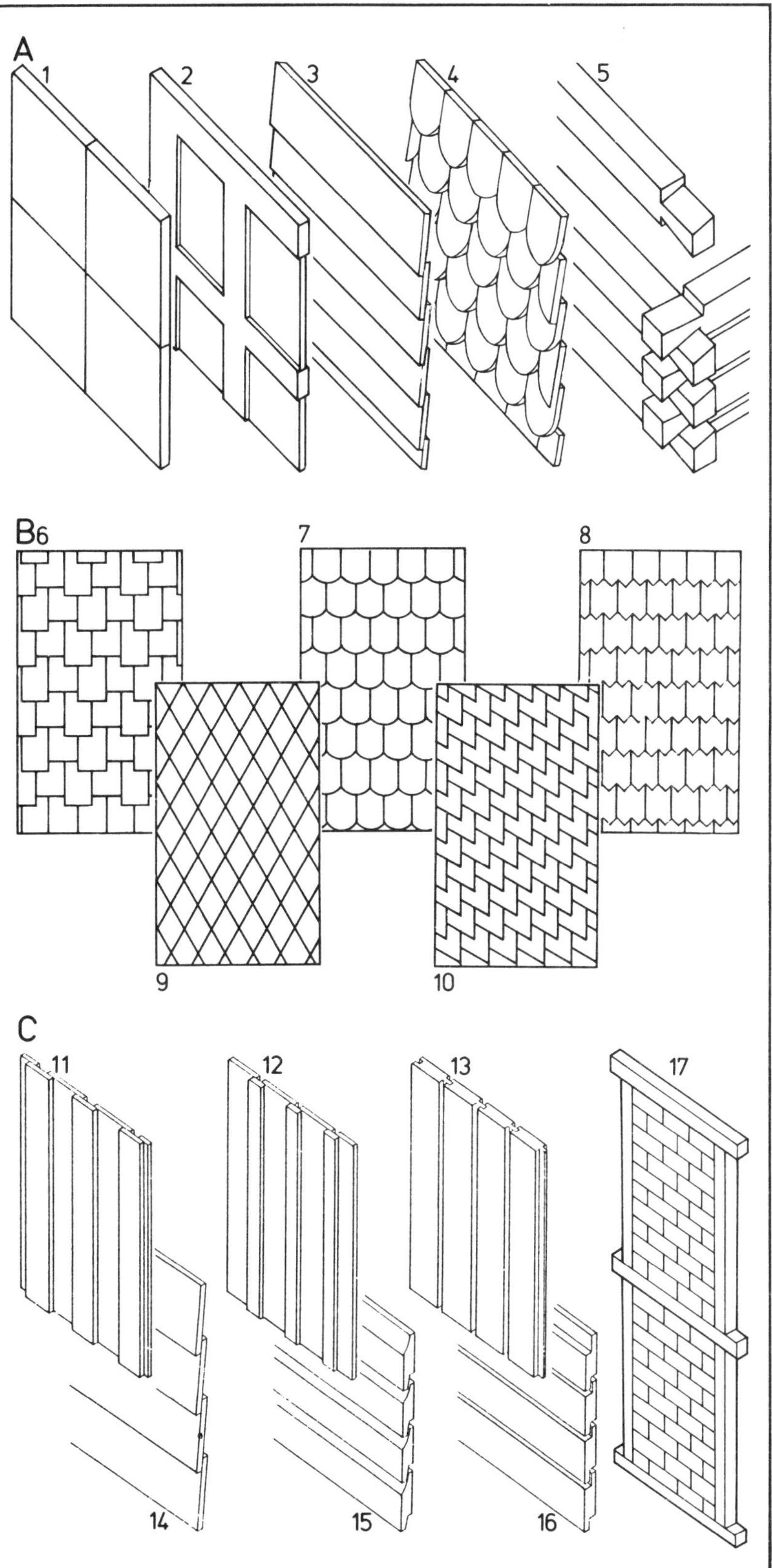

2.05

BAUTEILE
DÄCHER

A Bestandteile des Daches
1 Ort
2 Traufe
3 First
4 Giebel
5 Walm
6 Kehle
7 Gaube
8 Giebelförmiger Aufsatz
9 Dachfenster

B Dachformen
10 Giebel-, Satteldach
11 Walmdach
12 Krüppelwalmdach
13 Mansardgiebeldach
14 Mansardwalmdach
15 Pultdach
16 Firstlaterne
17 Zwischengeschoßdachkranz
18 Säge-, Sheddach
19 Paralleldach
20 Penthouse
21 Konvex gekrümmtes Dach
22 Wellendach
23 Tonnendach
24 Flachdach
25 Grabendach
26 Hyperbolisch-paraboloides Dach

C Turmformen und -dächer
27 Rotunde
28 Kuppeldach
29 Zwiebelhaube
30 Kegeldach
31 Zeltdach

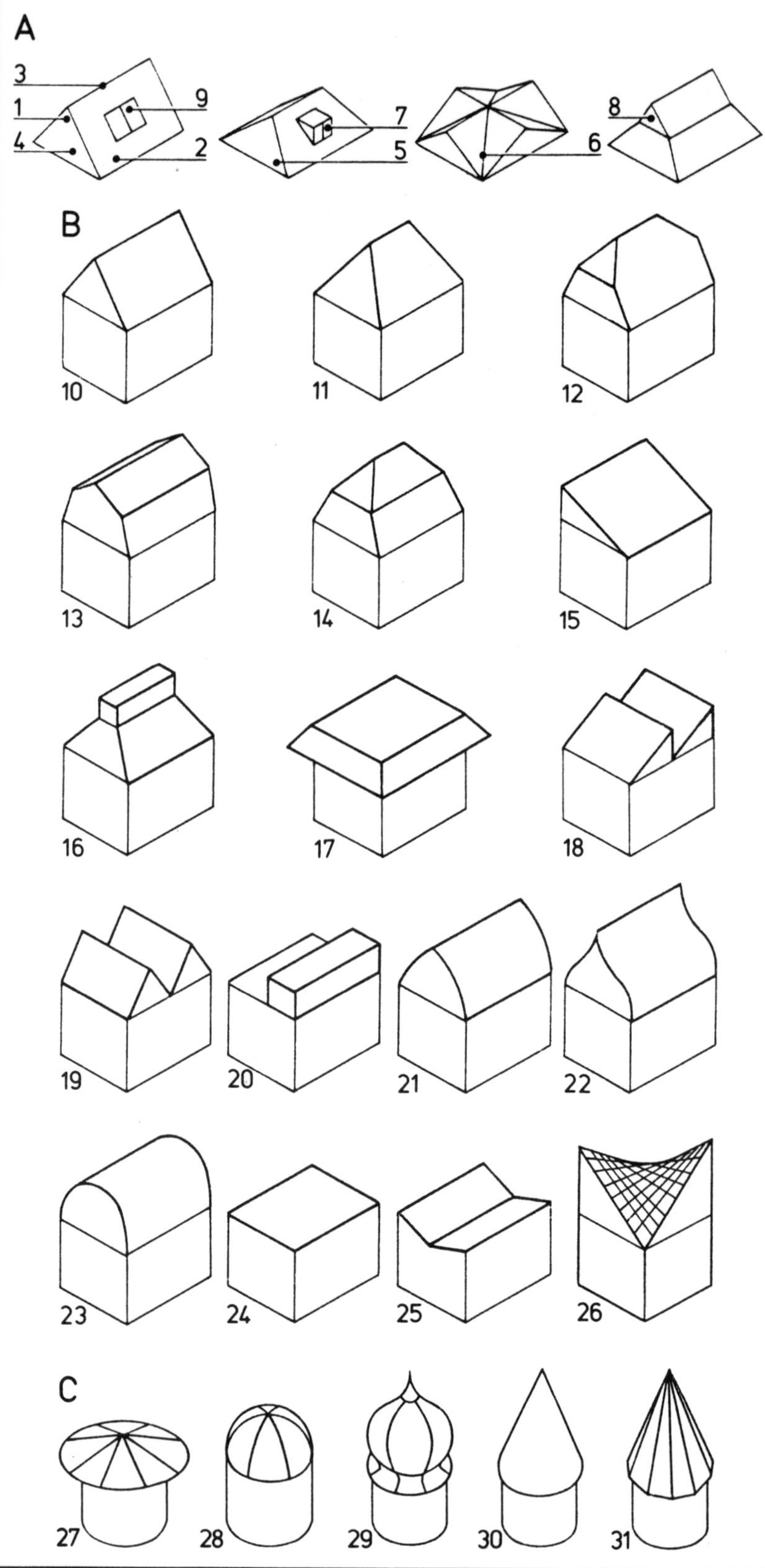

2.06

BAUTEILE
KUPPELN

A Kuppelformen
1 Rundkuppel
2 Hängekuppel
3 Kuppel auf Tambour
4 Pendentifkuppel
5 Domikalgewölbe
6 Faltkuppel

B Überleitungs- und Unterbauformen
7 Stützen
8 Trompen
9 Pendentifs

C Teile des Kuppeldachs
10 Laterne
11 Kalotte
12 Tambour
13 Pendentif

D Besonderheiten
14 Auge
15 Kassetten
16 Attikageschoß

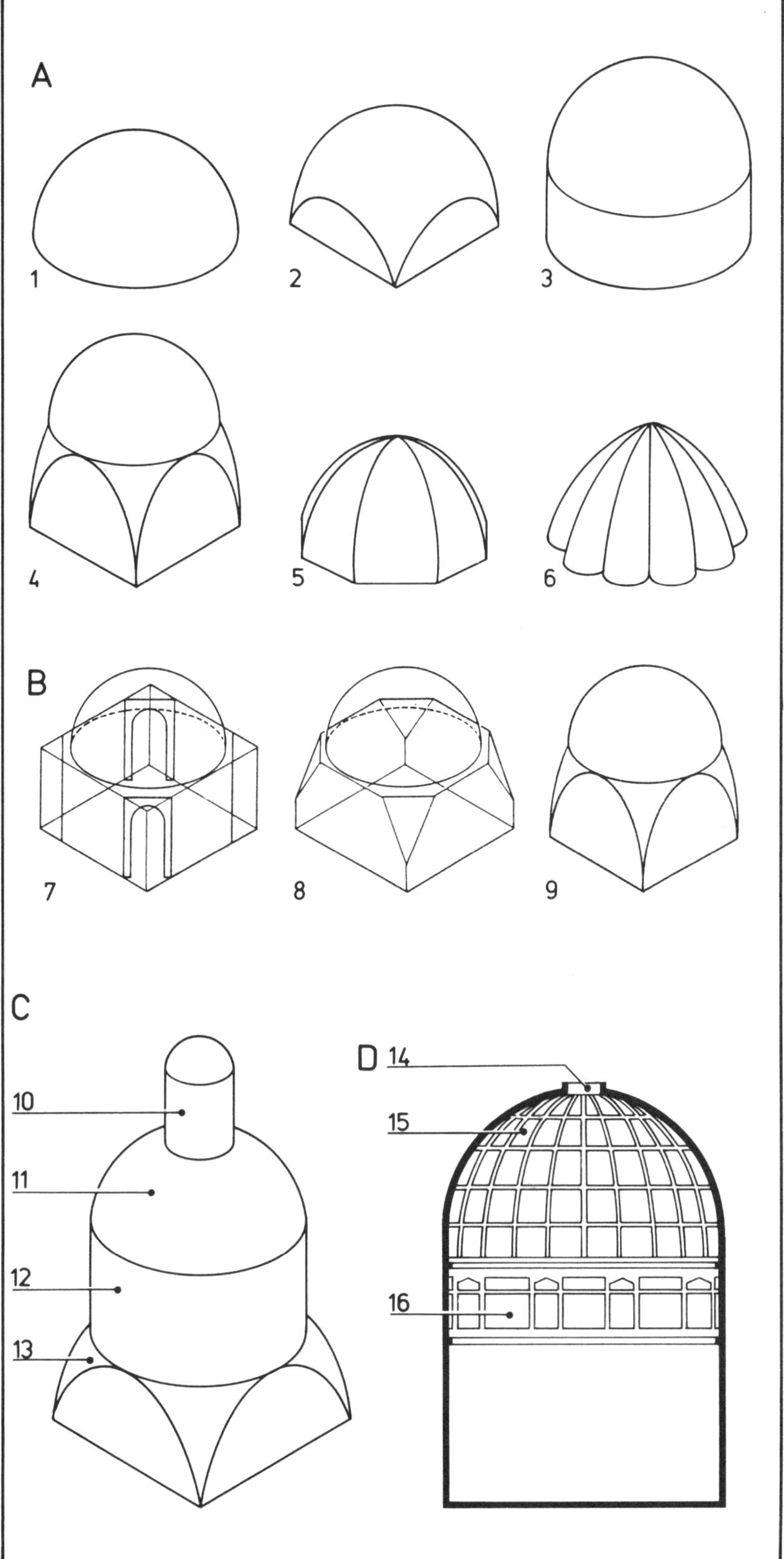

2.07

GEWÖLBE

1 Tonnengewölbe
2 Kreuzgratgewölbe
3 Gebustes Kreuzgewölbe
4 Kreuzrippengewölbe
5 Gurt
6 Diagonalrippe
7 Grat
8 Lierne
9 Trompe
10 Sechsteiliges Gewölbe
11 Tierceron
12 Tierceron
13 Flächengewölbe
14 Hauptschlußstein
15 Gewölbezwickel

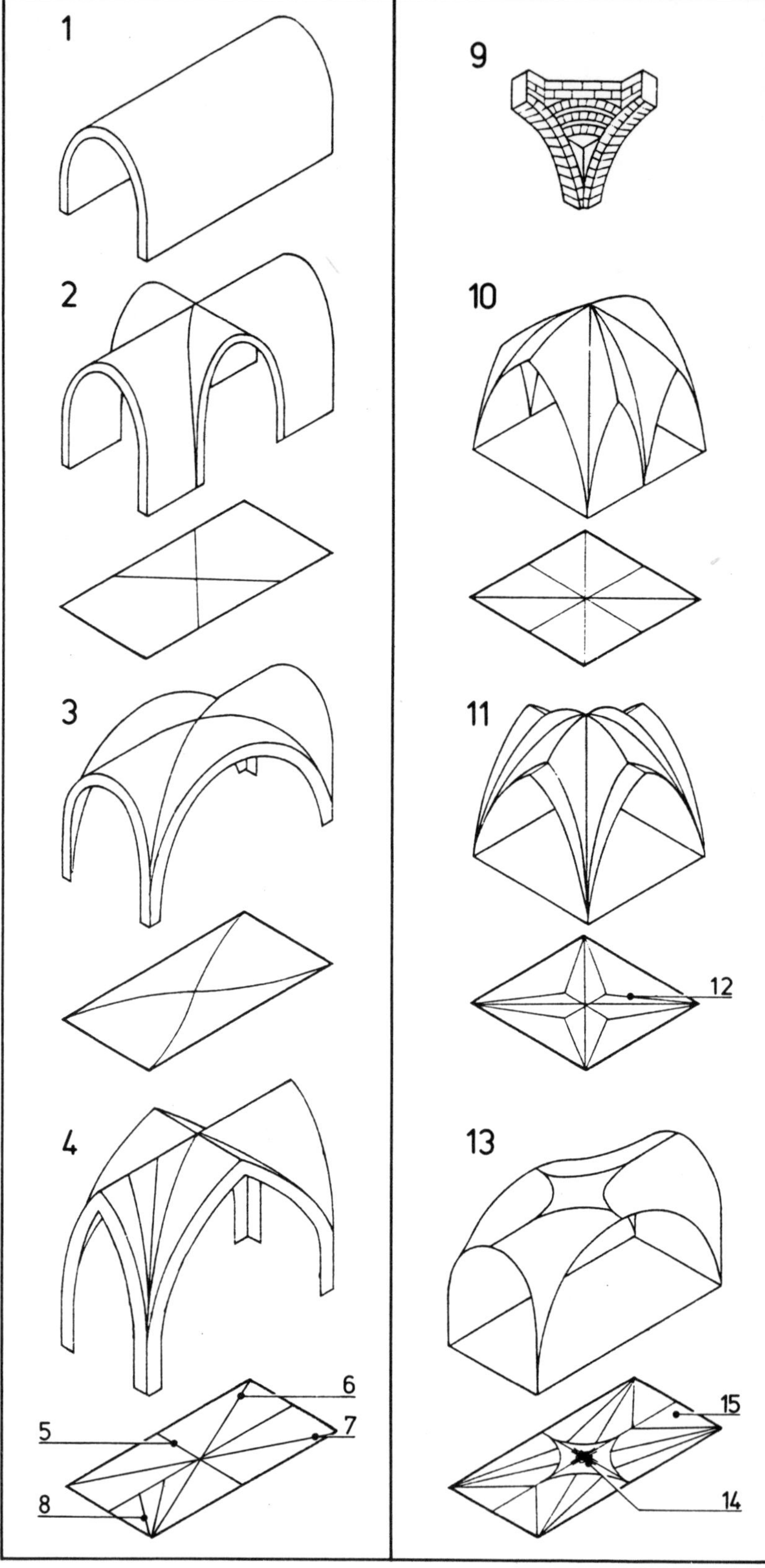

BAUTEILE
DACH

A Deckungsarten und -materialien
1 Strohdach
2 Biberschwanz
3 Pfannendach
4 Klosterdach
5 Schiefer
6 Teerpappe
7 Wellblech
8 Krempziegel
9 Bitumenpappe

B Teile des Daches
10 Gesims
11 Ort-, Stirnbrett, Windfeder
12 Firstbekrönung
13 Dachreiter
14 Schornsteinkasten
15 Schornsteinaufsatz, -kappe
16 Schornsteinklappe
17 Schornsteinkopf
18 Abgetreppter Überhangstreifen
19 Firstziegel
20 Gratziegel
21 Modillons (Sparrenkopf)
22 Schuppendach
23 Dachrinne
24 Kehlrinne
25 Fallrohr
26 Giebel
27 Geschweifter Knickgiebel
28 Holborn-Giebel
29 Stukkatur

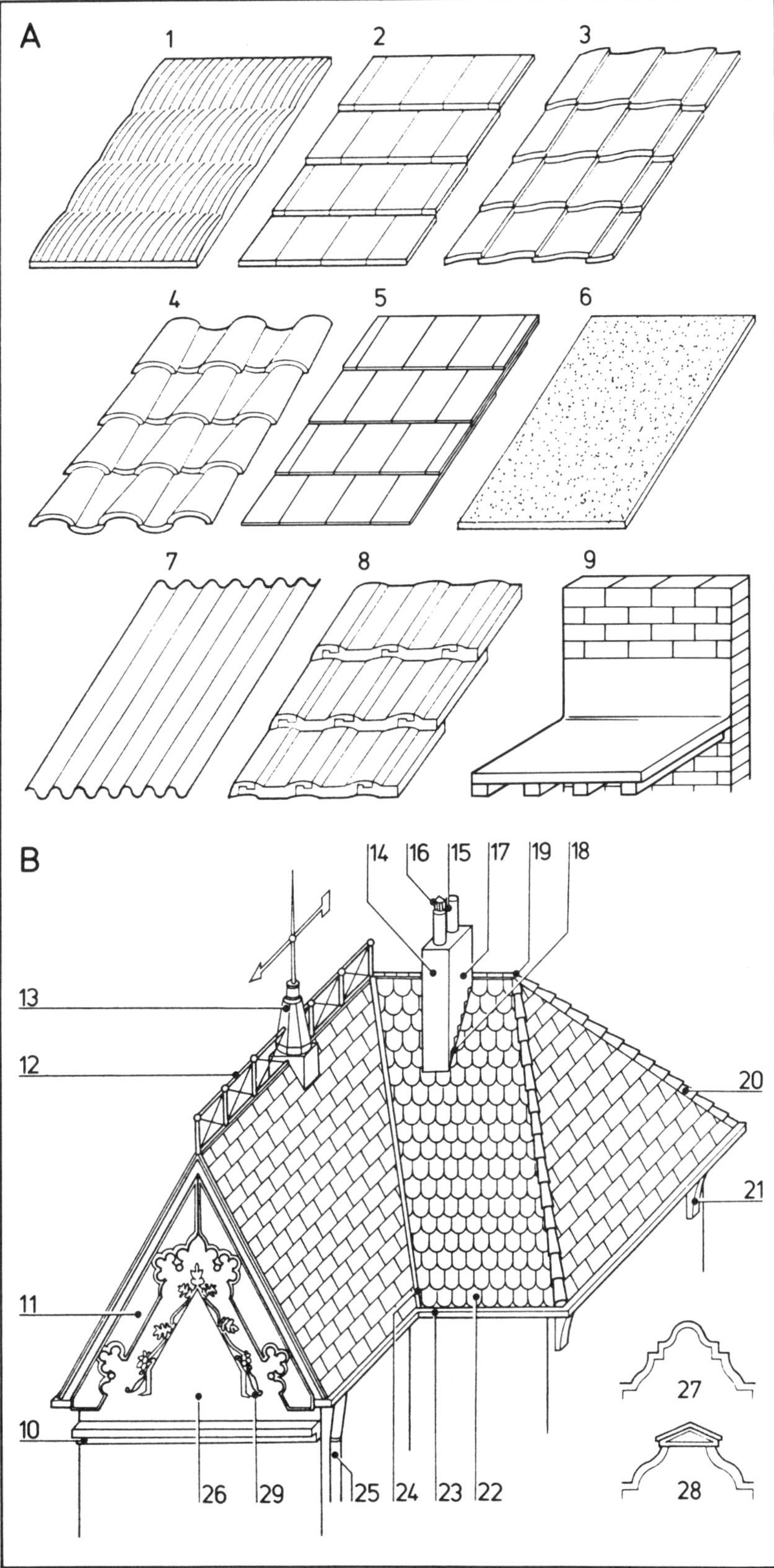

2.09 BAUTEILE DACHSTUHL

A Crucks
1 Volle Cruck-Konstruktion
2 Halbe Cruck-Konstruktion
3 Teil-Cruck-Konstruktion oben
4 Teil-Cruck-Konstruktion unten
5 Spitzen-Cruck-Konstruktion

B Traditionelle Hänge- und Sprengwerksteile
6 Hängebalken
7 Firstsäule
8 Hängesäule
9 Verkürzte Firstsäule
10 Zange
11 Bogenbinder
12 Scherenjoch, gekreuzte Kehlbalken

C Moderne Dachgebinde, Dachbinder
13 Gitterträger
14 Strebenfachwerkträger
15 Französischer Binder
16 Deutscher Binder
17 Englischer Binder

D Hauptbestandteile der Dachkonstruktion
18 Firstplatte
19 Sparren
20 Deckenbalken
21 Mittelpfette
22 Fußpfette
23 Wandstiel
24 Aufschiebling
25 Sterbe
26 Konsole, Kopfstein
27 Bogenstrebe
28 Kehlbalken

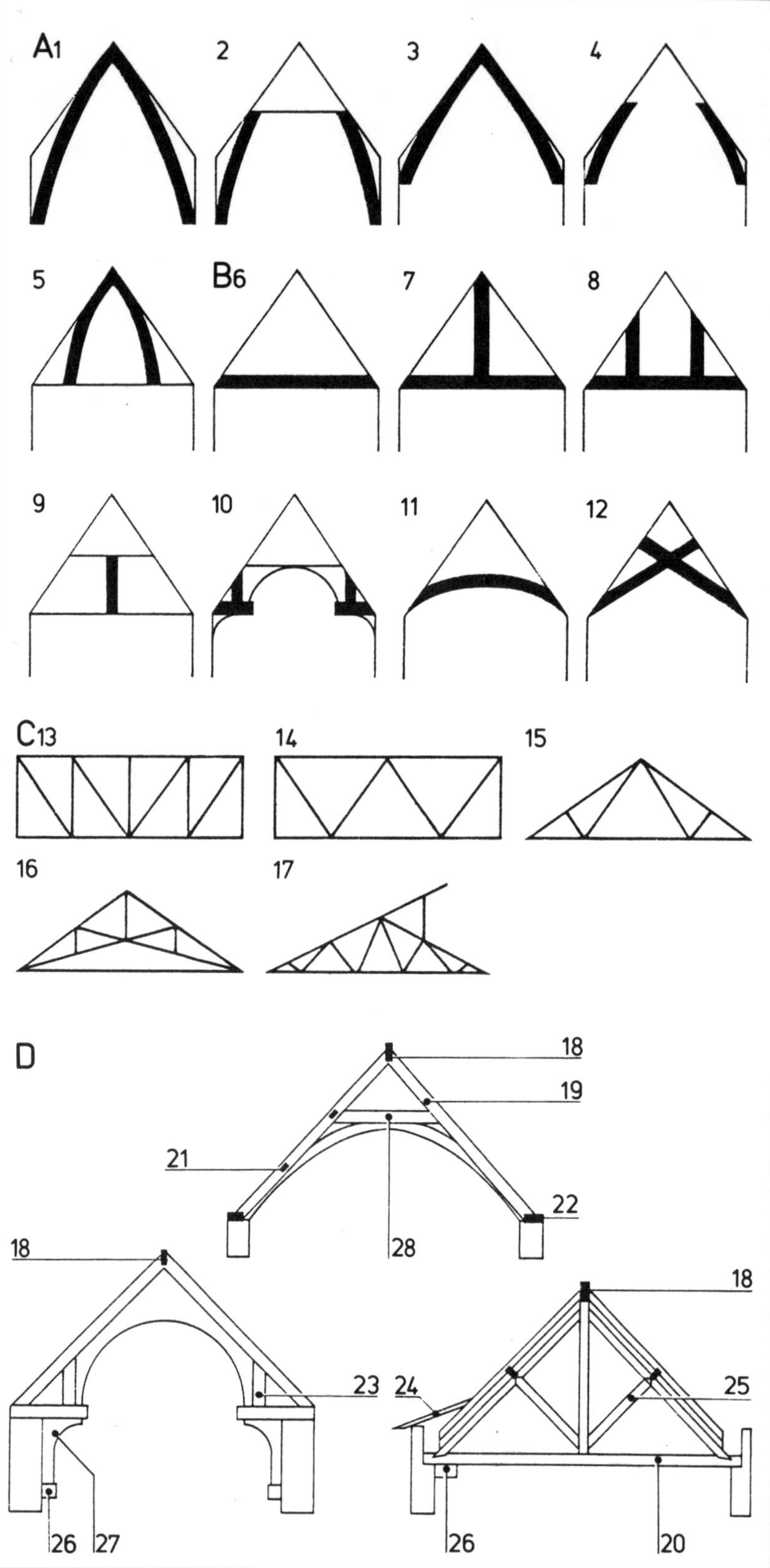

HOLZVERARBEITUNG

A Paneel
1 Gesims
2 Kehlleiste, Kehlstoß
3 Füllung
4 Sockelfries
5 Sockelfüllung
6 Scheuerleiste

B Parkettfußböden
7 Riemenparkett
8 Dogleg (»Hundeschwanz«)
9 Hungarian (»Ungarisch«)
10 Fischgratparkett
11 Flechtparkett
12 Mosaikparkett

C Balloon framing
13 Firstpfette
14 Sturzriegel
15 Wechselsparren
16 Sparren
17 Kehlbalkengiebel
18 Giebelsparren
19 Giebelständer
20 Deckenbalken
21 Saumschwelle
22 Bundpfosten
23 Brustschwelle
24 Deckenunterzug
25 Schwellholz, Schwelle
26 Diagonalstrebe
27 Durchgehender Ständer
28 Tragbalken
29 Sockel
30 Fußbalken
31 Gurtholz
32 Beplankung
33 Eckstiel
34 Diagonal verlegte Holzdielen
35 Abkreuzung
36 Unterer Stützpfosten
37 Brustriegel
38 Bandleiste
39 Brandblende
40 Oberer Stützpfosten
41 Fensterrahmen

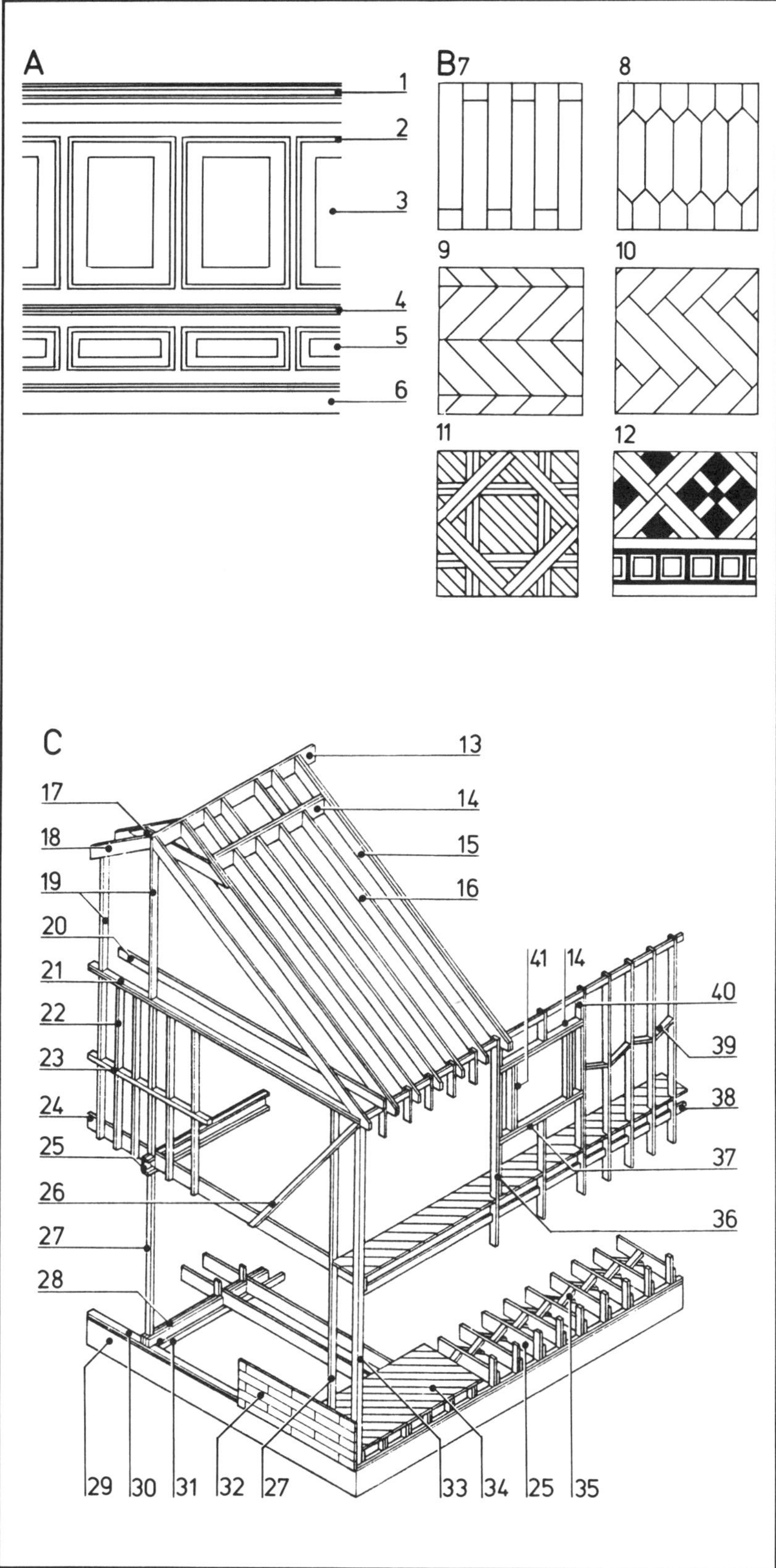

2.11

TREPPEN

A Bestandteile der Treppe
1 Antrittspfosten
2 Baluster
3 Handlauf, Holm
4 Podest
5 Wandbekleidung
6 Wandwange
7 Lichtwange
8 Treppenlauf
9 Trittstufe
10 Setzstufe
11 Treppenschiene
12 Antrittsstufe

B Treppenformen
13 Viertelwendeltreppe
14 Gebrochene Treppe
15 Gewundene Treppe
16 Wendel-, Spindeltreppe
17 Einläufige, gerade Treppe
18 Gegenläufig-gemischte, zweiläufig-gegenläufige Treppe
19 Gekrümmte Treppe
20 Doppelarmige, dreiläufige Treppe mit zwei Armen, »Kaisertreppe«

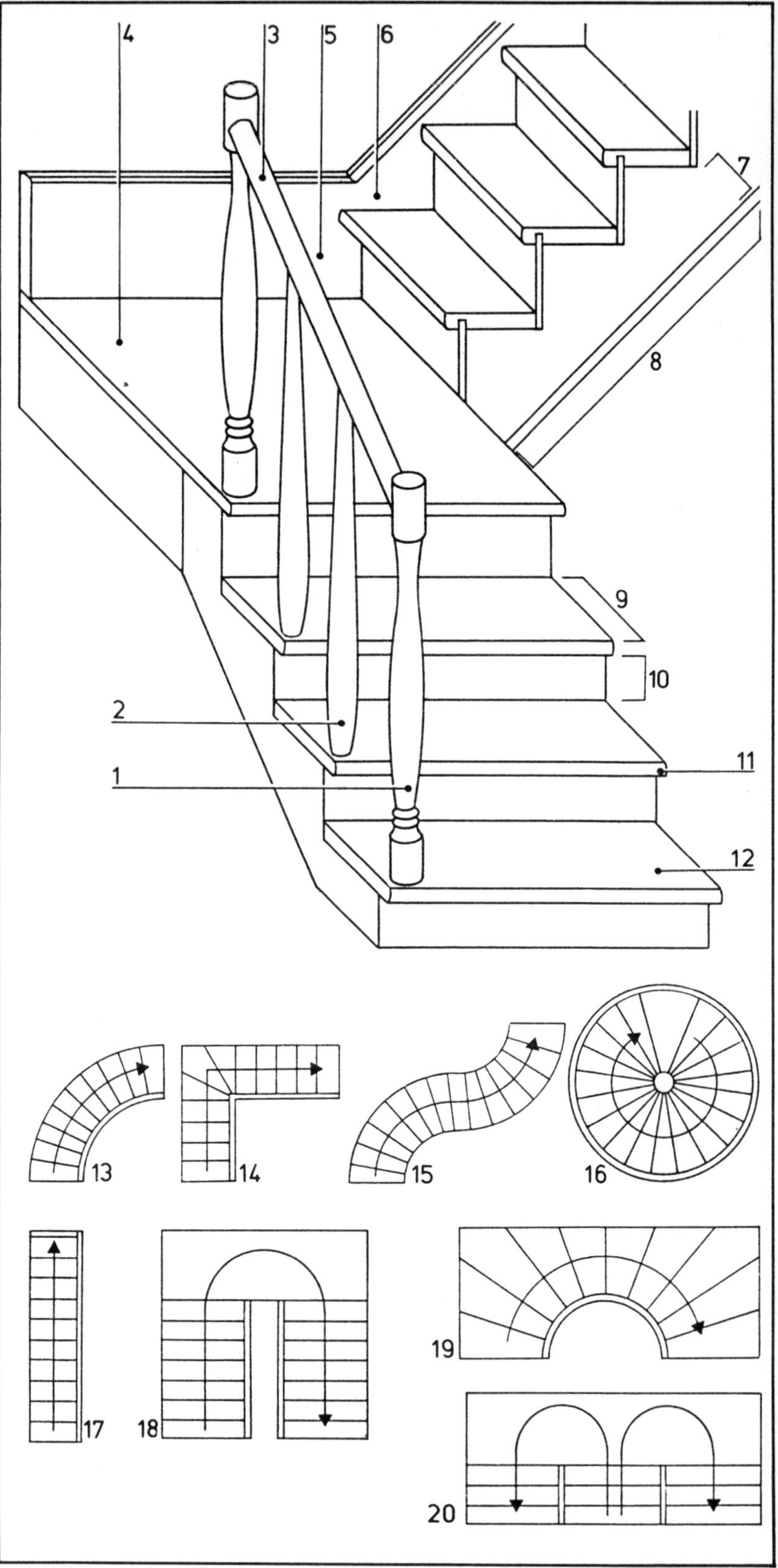

2.12

BOGEN

A Geometrie
1 Stich, Pfeil
2 Kämpferlinie
3 Spannweite
4 Zentrum
5 Bogenlinie
6 Scheitellinie
7 Schenkel
8 Herme/Terme (nur Kopfteil)

B Bestandteile
9 Scheitel-, Schlußstein
10 Bogenstein
11 Auflager
12 Widerlager
13 Rücken
14 Laibung
15 Bogenstärke

C Segmentbogen
16 Schulter
17 Kämpfer
18 Wölbung

D Unechter Bogen
19 Schlußstein
20 Wölbziegel, Bogenstein
21 Abhängling
22 Tympanon (Bogenfeld)

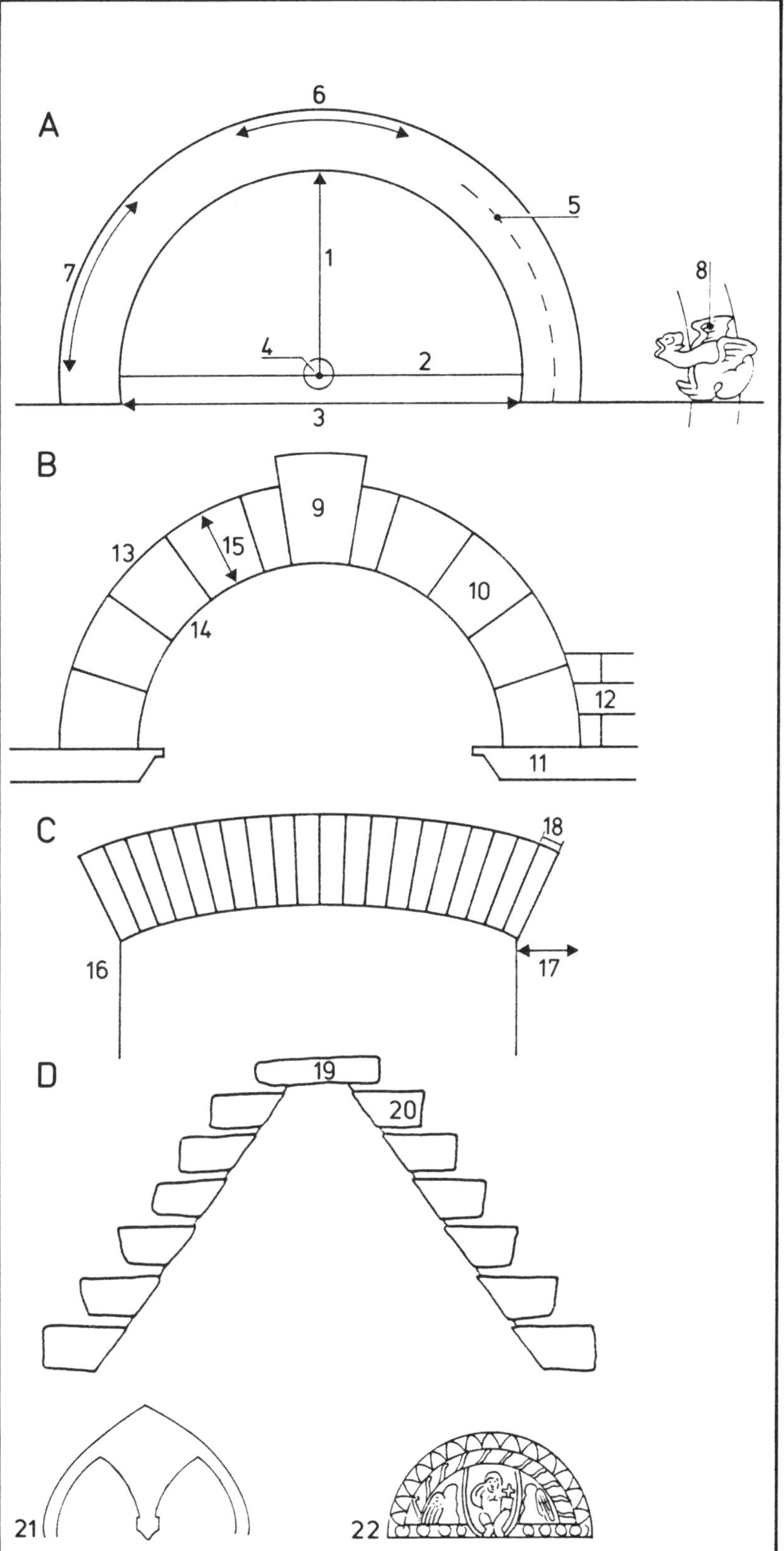

2.13

BAUTEILE
BOGENFORMEN

A Rundbogenformen
1 Halbkreisbogen
2 Gestelzter Halbkreisbogen
3 Flach-, Segment-, Stichbogen
4 Hufeisenrundbogen
5 Hufeisenbogen
6 Korbbogen
7 Gedrückter Korbbogen
8 Elliptischer Bogen
9 Parabelbogen
10 Kleeblattbogen
11 Drillingsbogen
12 Pseudokorbbogen
13 Schulterbogen
14 Venezianischer Bogen
15 Florentiner Bogen
16 Gefußter Rundbogen

B Spitzbogenformen
17 Dreiecksbogen
18 Krag-, gekragter Bogen
19 Hufeisenspitzbogen
20 Arabischer Hufeisenbogen
21 Lanzettbogen
22 Gleichseitiger Spitzbogen
23 Gedrückter Spitzbogen
24 Pseudo-Tudorbogen
25 Tudorbogen
26 Einhüftiger Bogen
27 Gedrückter Tudorbogen
28 Dreipaßbogen
29 Drillingsspitzbogen
30 Zackenbogen
31 Eselsrücken, Kielbogen

C Scheitrechter Sturz

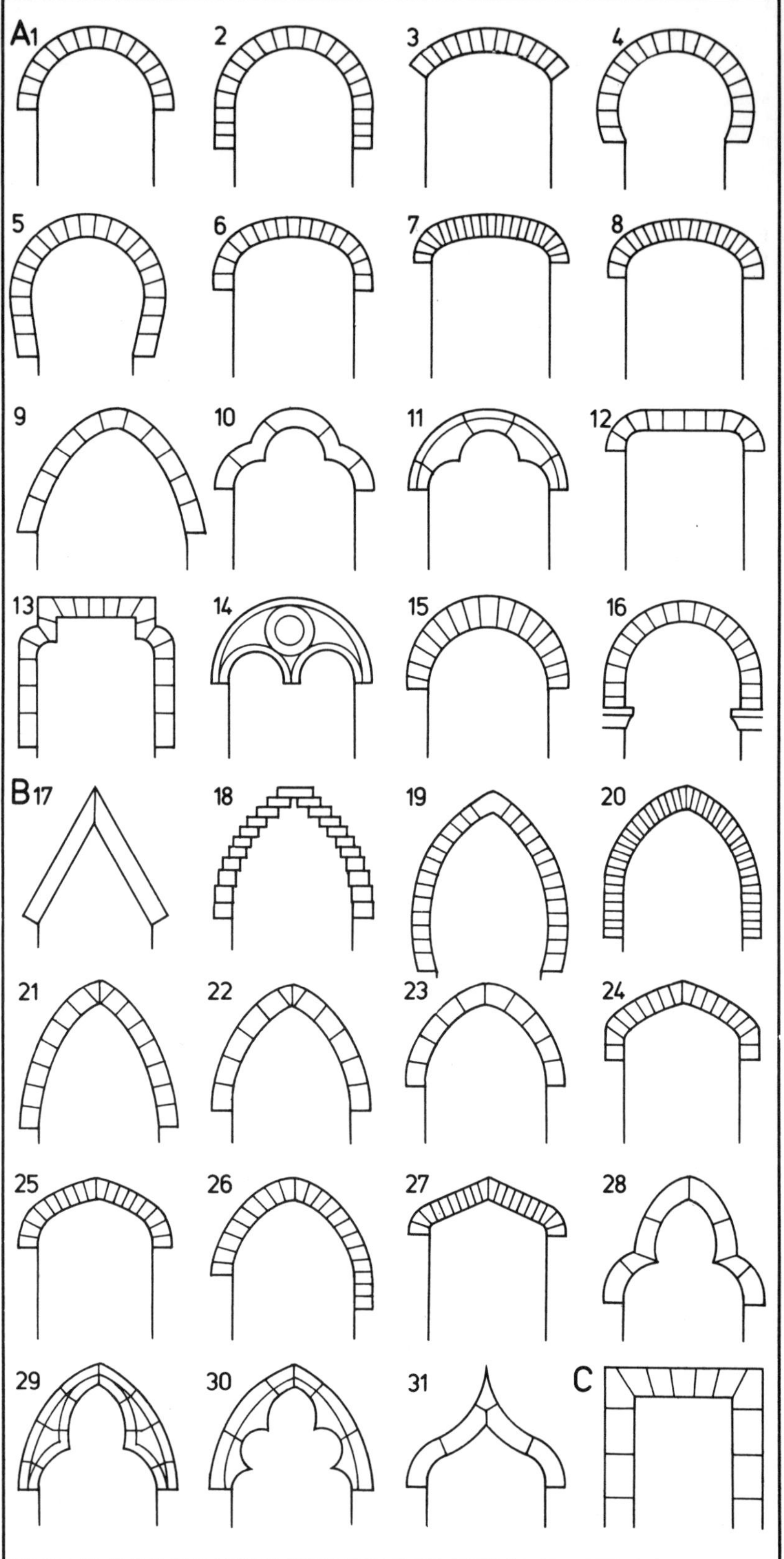

2.14

BAUTEILE
FENSTER

A Fenstererker
1 Kastenförmig
2 Trapezförmig
3 Gewölbt
4 Tannenförmig

B Dachfenster
5 Liegendes Dachfenster
6 Fledermausgaube
7 Giebelgaube
8 Walmgaube
9 Chörlein

C Bestandteile
10 Sturz
11 Sohl-, Fensterbank
12 Oberer Fensterschenkel
13 Fensterrahmen
14 Seitenpfosten, -schenkel
15 Scheibe
16 Sprosse
17 Wetterschenkel
18 Mittelpfosten
19 Heberahmen
20 Fensterladen
21 Kämpfer

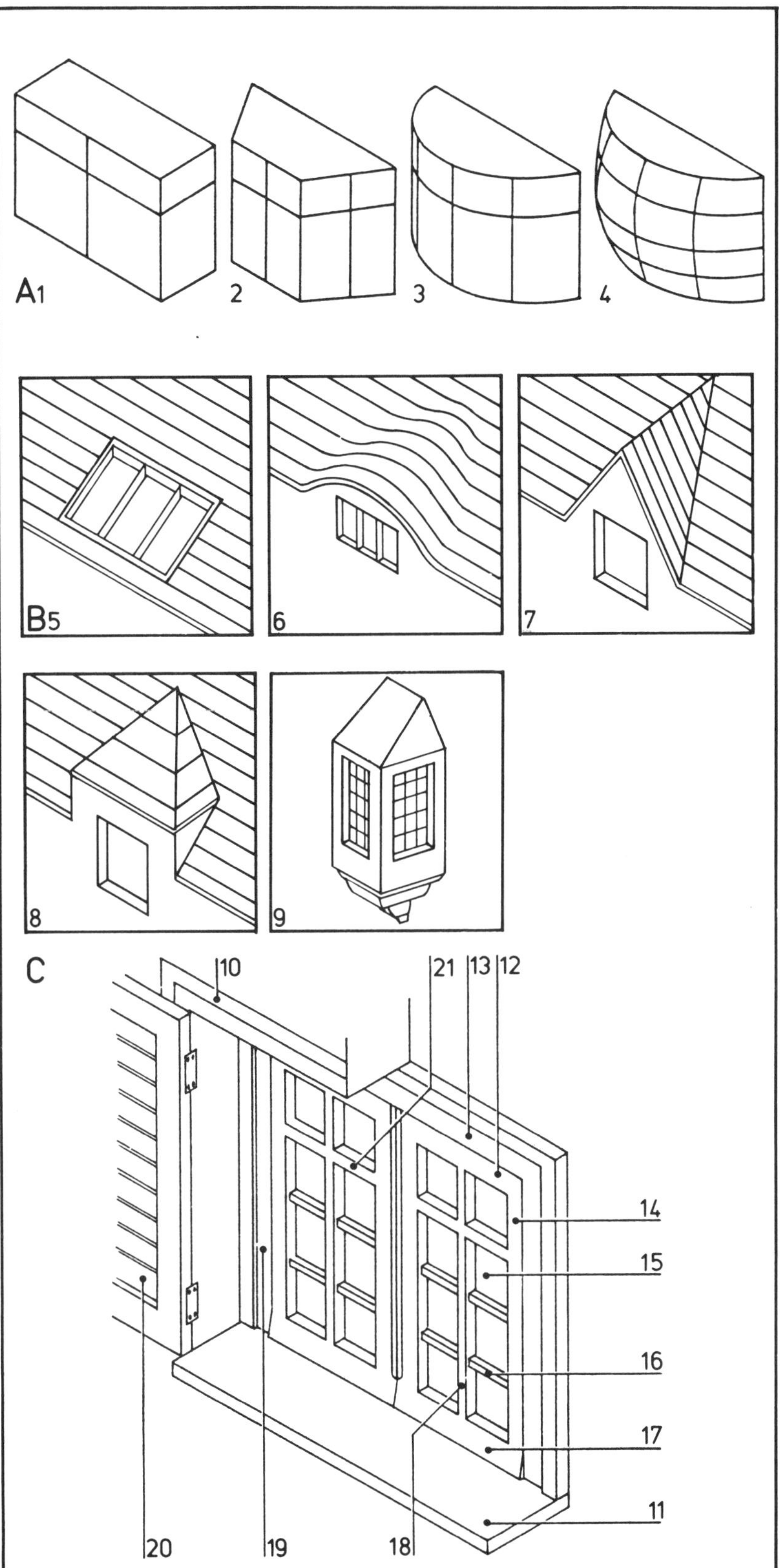

2.15

BAUTEILE
FENSTERFORMEN

1 Blendenrahmenfenster
2 Dreifachfenster
3 Hebefenster
4 Schiebefenster
5 Kastenfenster
6 Flügelfenster
7 Schwingfenster
8 Wendefenster
9 Akkordeonfenster
10 Faltfenster
11 Kippfenster
12 Lamellenfenster
13 Verbundfenster
14 Lüftungsflügelfenster
15 Butzenscheibenfenster
16 Klappfenster
17 Gitterfenster

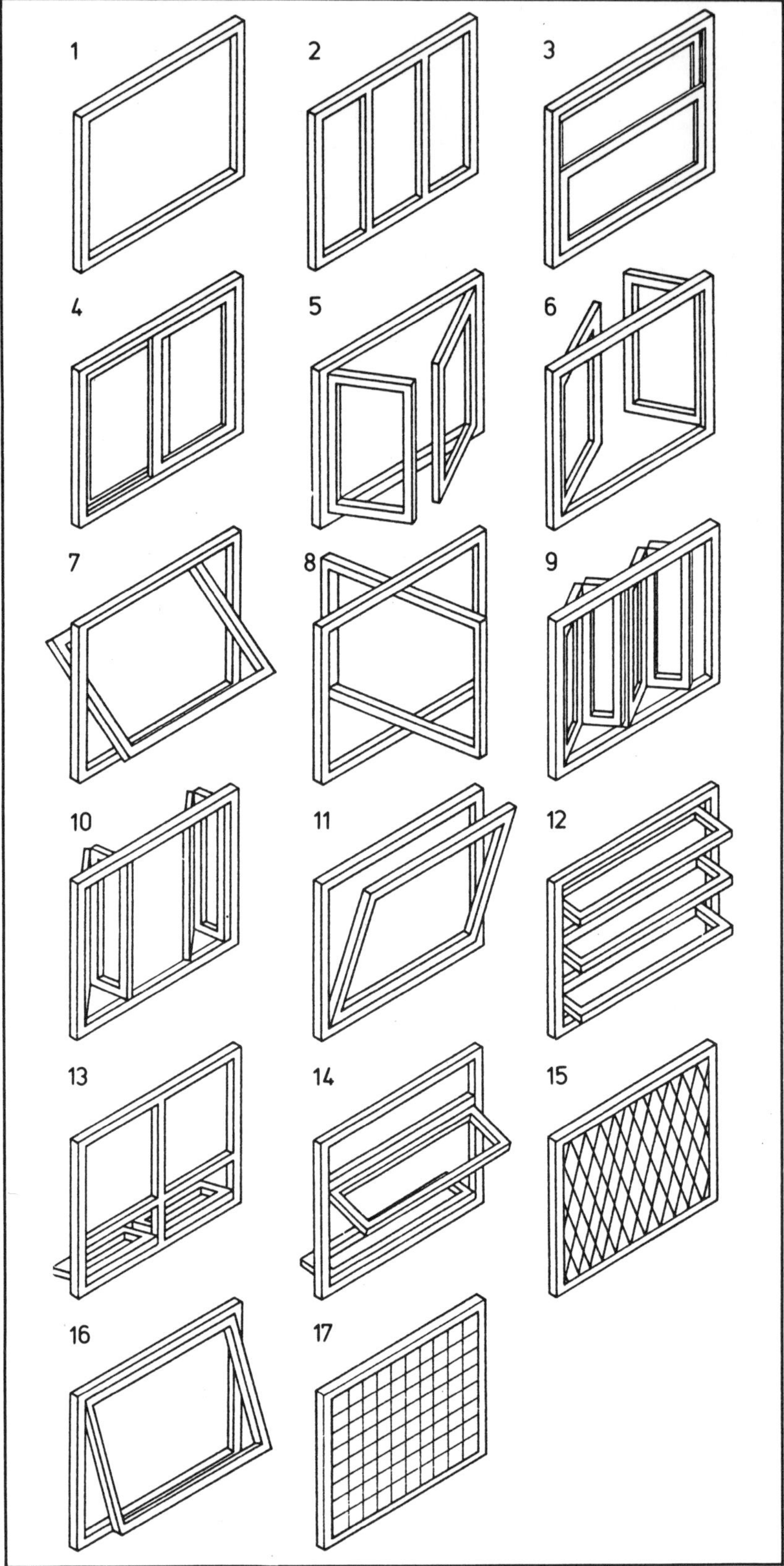

2.16

TÜREN

A Türzubehör
1 Schließbolzen
2 Türkette
3 Schlüsselloch
4 Schnapper
5 Türdrücker, Klinke
6 Türknauf
7 Angel
8 Guckloch (Spion)
9 Türblech

B Bestandteile der Tür
10 Türstock
11 Kopffries
12 Schloßhöhe
13 Bandhöhe
14 Obere Füllung
15 Mittelhöhe
16 Mittelquerfries
17 Mittlere Füllung
18 Untere Füllung
19 Bodenfries

C Weitere Bestandteile
20 Gesims
20a Sturz
21 Anschlag
22 Pfosten
23 Angel
24 Wetterschenkel
25 Schwelle, Schwellholz

D Eingangsgestaltung
26 Gebogene Schiene (nicht eingezeichnet)
27 Mittelpfosten des Vorhallentores (nicht eingezeichnet)
28 Eingangsstufen
29 Holzgeländer
30 Mauerwange
31 Türoberlicht
32 Vordach

E Türeinbauformen
33 Links angeschlagen, nach innen öffnend
34 Links angeschlagen, nach außen öffnend
35 Rechts angeschlagen, nach außen öffnend
36 Rechts angeschlagen, nach innen öffnend

F Verbindungsformen
37 Falz
38 Abgerundeter Stoß
39 Gehrung

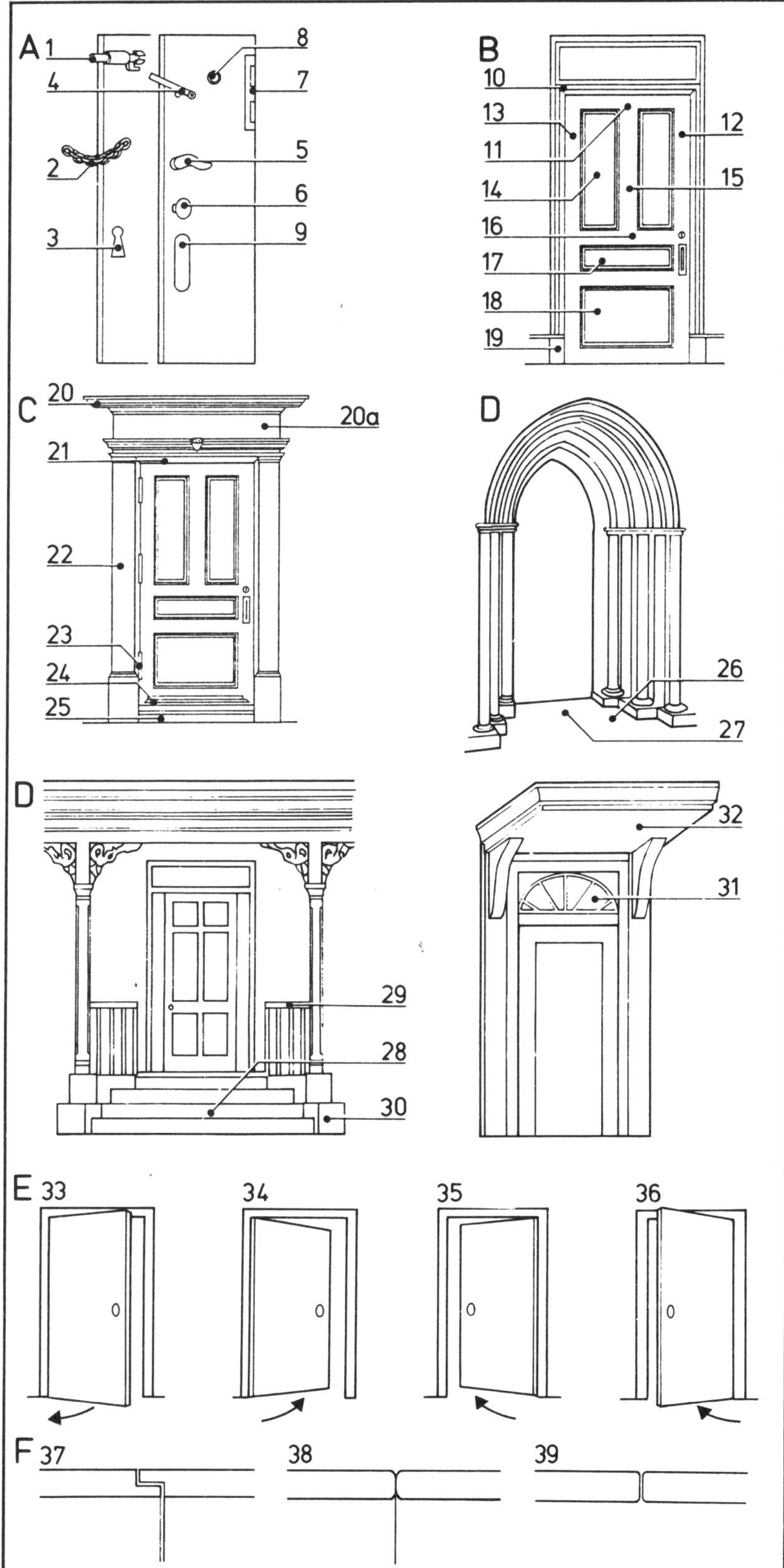

2.17

1 Sperrholztür
2 Füllungstür
3 Glastür
4 Lattentür
5 Stalltür
6 Fliegentür
7 Lamellentür
8 Fenstertür, Französisches Fenster
9 Hängetür
10 Drehtür
11 Pendeltür
12 Zweiflügelige Pendeltür
13 Schiebetür
14 Zweiflügelige Schiebetür
15 Harmonikatür
16 Falttür
17 Rolladentür
18 Drehkreuz

TÜRFORMEN

3.01

ORNAMENTIK

GESIMSFORMEN UND ZIERGLIEDER 1

1 Feder, Kantprofil
2 Nut
3 Halbrundstab
4 Wulst
5 Hohlkehle, Ablauf
6 Skotie, Einziehung
7 Kehlung
8 Viertelstab
9 Dreiviertelstab
10 Kyma, Steigendes Karnies
11 Kyma, Verkehrt steigendes Karnies
12 Adlerschnabel
13 Daumen, Wulst
14 Band
15 Fase
16 Kehlung
17 Fase
18 Daumennagel, Viertelstab

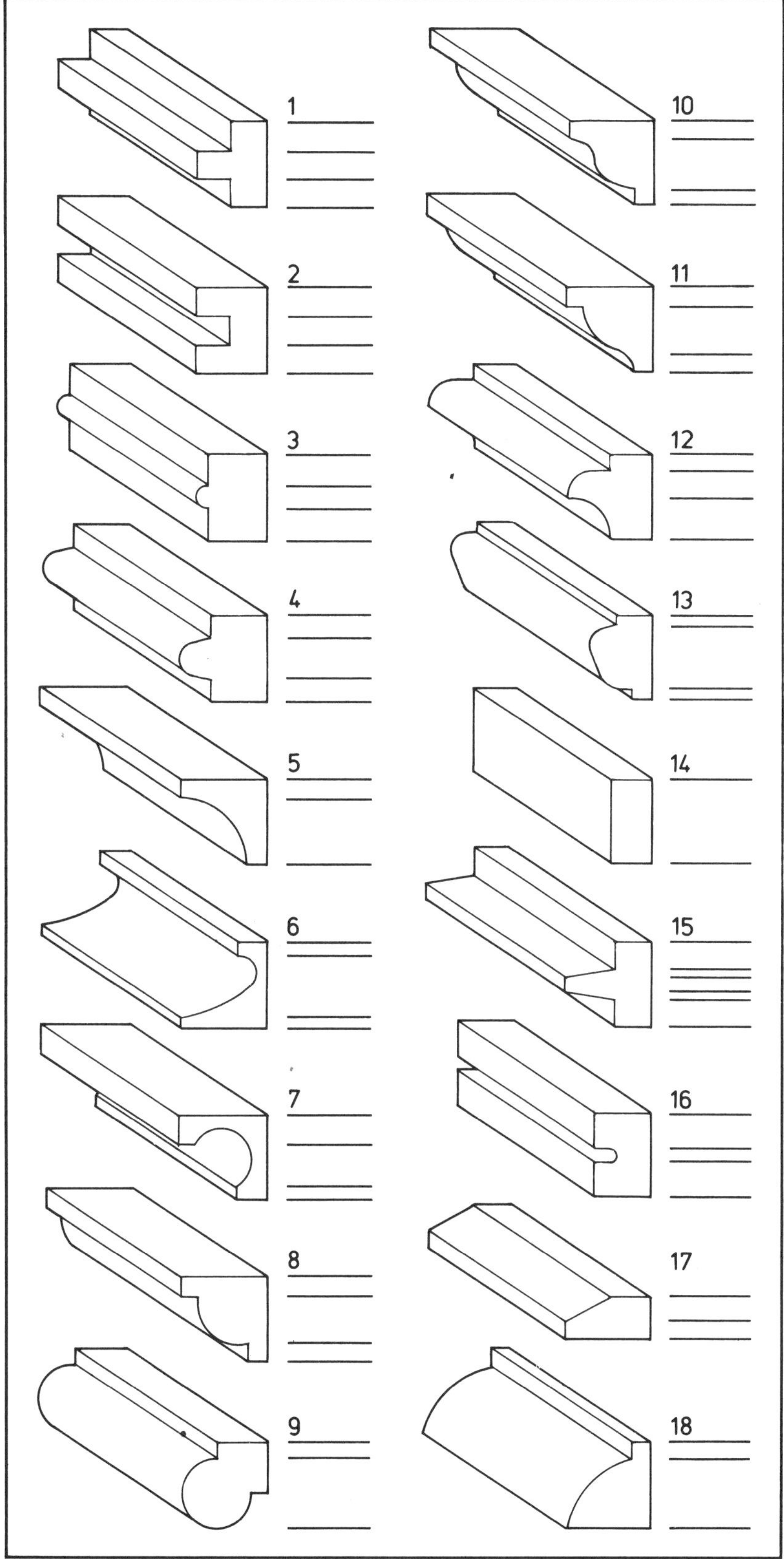

3.02

ORNAMENTIK
GESIMSFORMEN UND ZIERGLIEDER 2

1 Erhabener Rand
2 Taustab, gedrehtes Tau, verschlungener Wulst
3 Kannelierter Wulst, Torus
4 Konvex gerippter Wulst, Torus
5 Gebündelte Rundstäbe
6 Spitzkehle
7 Zahnschnitt
8 Halbrundstab
9 Geschwungene Kehlung
10 Kielförmiges Profil
11 Nagelkopfprofil, Kerbschnitt
12 Kyma, fallendes Karnies
13 Kyma, verkehrt fallendes Karnies
14 Nase
15 Würfelfries
16 Viertelstab und Perlstab
17 Perlstab
18 Wolkenfries

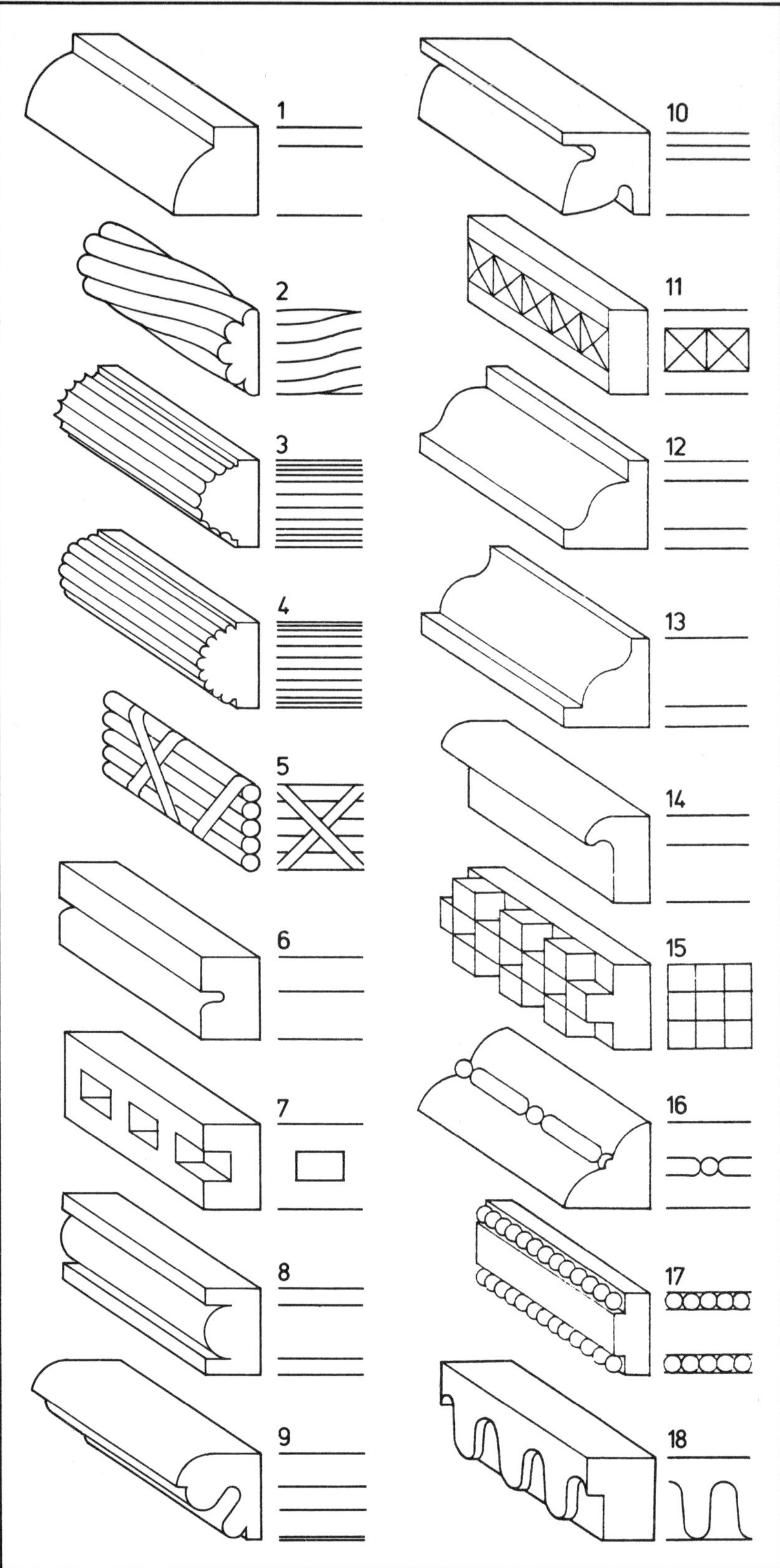

ORNAMENTIK

FRIESE UND DEKORATIONEN 1

1 Rippenmuster
2 Kanneluren
3 Faltwerk
4 Falscher Mäander, Zinnenfries
5 Mäander
6 Flächenmäander, Mäander
7 Laufspirale
8 Zahnschnitt
9 Würfel-, Schachbrettfries
10 Rollen-, Bambusfries
11 Säge-, Spitzzahn/Chevron
12 Zackenfries
13 Zickzackfries, Deutsches Band
14 Spitzbogen-, Lilienfries
15 Wellenband
16 Wellenband
17 Kegelfries
18 Kugelfries, Perlstab
19 Scheibenfries
20 Astragal, Eier-, Perlstab
21 Godronierung
22 Traubenfries
23 Guttae
24 Eierstab
25 Stilisierter Eierstab
26 Nagelkopf-, Diamantfries
27 Hundszahn/Dogtooth
28 Vierblattblume

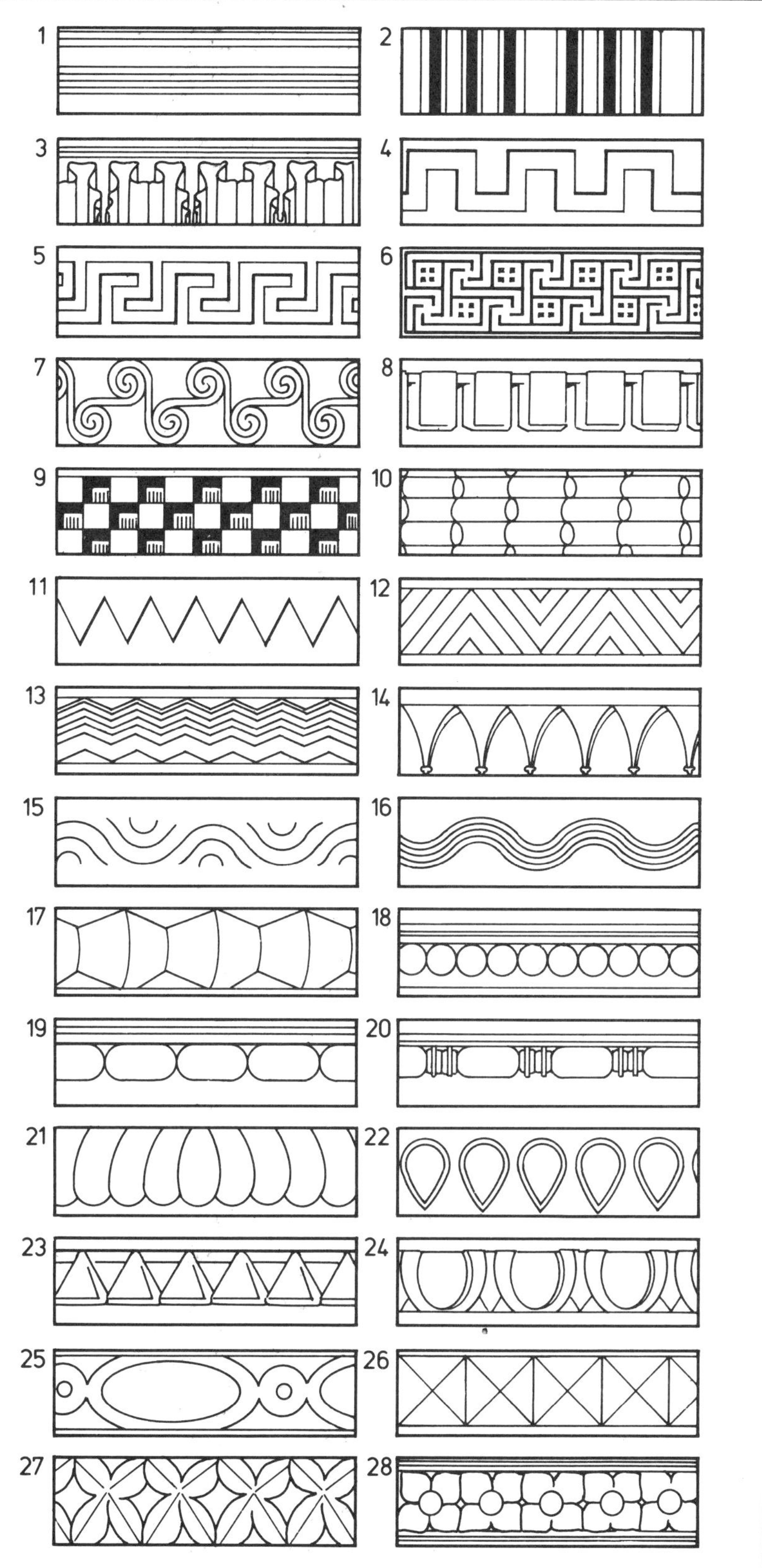

3.04

ORNAMENTIK
FRIESE UND DEKORATIONEN 2

1 Fischgrat
2 Rautenfries
3 Kettenfries
4 Ballenblume
5 Rosettenfries
6 Schnabelkopf-Fries
7 Taufries
8 Lorbeerstab
9 Laufspirale, Spiralmäander
10 Laufender Hund, Wellenband
11 Flechtband/Guilloche
12 Flechtband/Guilloche
13 Doppeltes Flechtband
14 Blattwerk
15 Rankenwerk
16 Viguette/Weinlaubfries
17 Papyrosfries
18 Feston/Girlanden
19 Wasserlaub-Kyma
20 Lesbisches Kyma/ Blattwelle
21 Bogenfries/Lunette
22 Lotosfries
23 Lotos und Papyrus
24 Anthemion
25 Akanthusfries
26 Palmettenfries
27 Authemion, Paletten mit Lotos
28 Endvolute

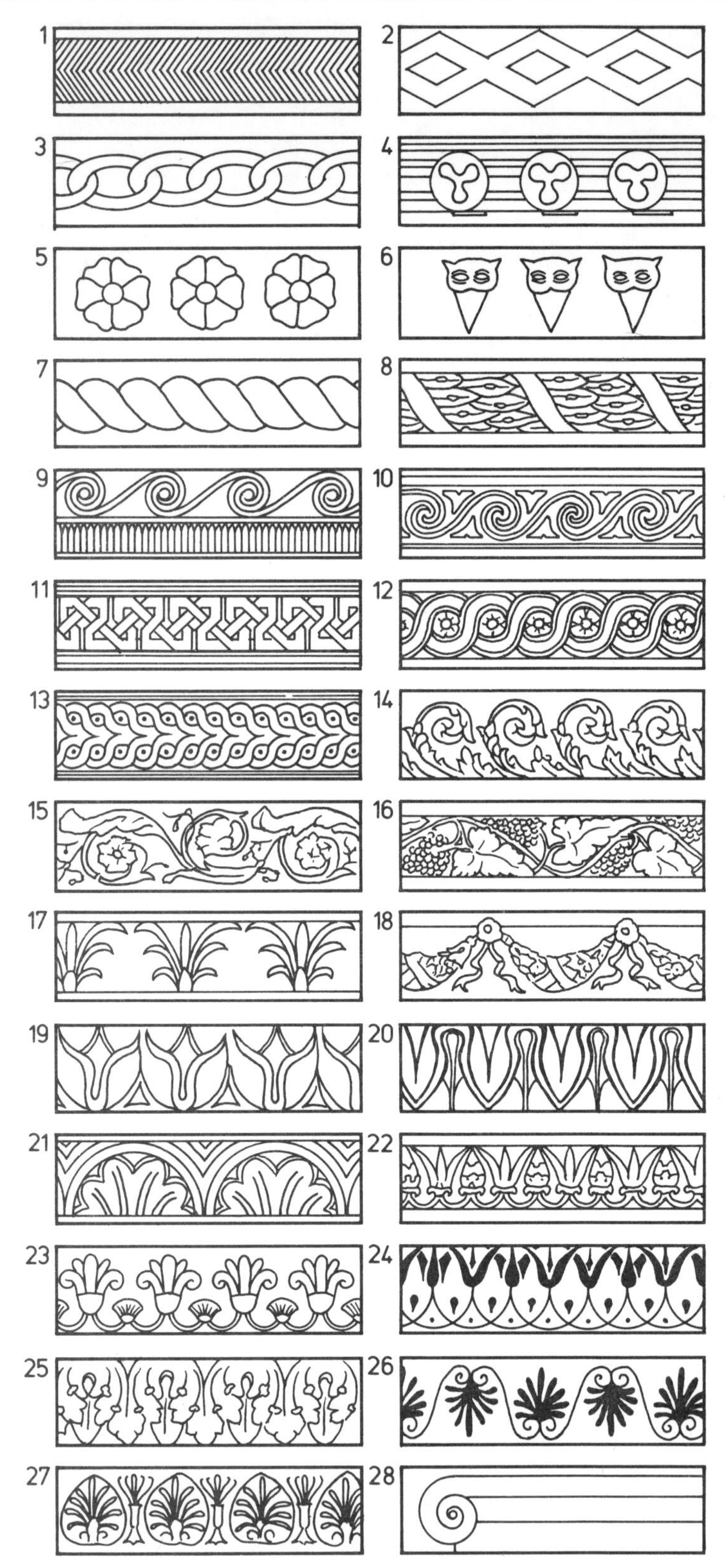

3.05

ORNAMENTIK
WAPPENTIERE UND SCHILDFIGUREN

1 Löwe steigend
2 Löwe stehend hersehend
3 Löwe springend hersehend
4 Löwe schreitend
5 Löwe stehend
6 Löwe schreitend hersehend
7 Löwe ruhend
8 Löwe hockend mit durchgeschlagenem Schwanz
9 Löwe schlafend
10 Löwe springend
11 Löwe rückschauend
12 Löwe doppelschnäuzig
13 Löwe vorderhalb
14 Löwenhaupt abgerissen
15 Löwenhaupt hersehend
16 Löwenpranke stehend
17 Hirsch hersehend
18 Hirsch schreitend
19 Hirsch springend
20 Hirschkopf
21 Leopardenkopf
22 Eber steigend
23 Eberkopf
24 Pferd steigend
25 Pferdekopf
26 Hund steigend
27 Merlette (verstümmelter Vogel)
28 Pelikan
29 Heraldischer Adler
30 Doppeladler
31 Flug
32 Greif
33 Drache geflügelt
34 Drache
35 Schlange geringelt
36 Schlange (Visconti)
37 Basilisk
38 Fisch steigend
39 Delphin, Meerschwein
40 Delphine einander zugewendet
41 Jakobsmuschel
42 Garbe
43 Baum entwurzelt
44 Eiche
45 Jungfernadler
46 Melusine, Meerjungfrau
47 Trique(s)tra (Dreischenkel)
48 Appaumée, Schwurhand
49 Gefüllte Rose
50 Bukranionfries (Rindsschädelfries)

1	2	3	4	5
6	7	8	9	10
11	12	13	14	15
16	17	18	19	20
21	22	23	24	25
26	27	28	29	30
31	32	33	34	35
36	37	38	39	40
41	42	43	44	45
46	47	48	49	50

3.06

ORNAMENTIK
WAPPENBILDER

1 Griechisches Kreuz
2 Lateinisches Kreuz, Passionskreuz
3 Taukreuz, Antoniuskreuz
4 Kreuzquadrat
5 Patriarchenkreuz, Doppelkreuz
6 Endspitzkreuz
7 Deichselkreuz
8 Andreaskreuz
9 Lothringer Kreuz
10 Gabel-, Schächerkreuz
11 Päpstliches Kreuz
12 Wieder-, wiederholtes Kreuz
13 Ankerkreuz
14 Eingerolltes Ankerkreuz
15 Lilienkreuz
16 Kugelstab-Kreuz
17 Tatzenkreuz
18 Malteserkreuz
19 Hakenkreuz
20 Kleeblattkreuz
21 Swastika
22 Lilienzepter-Kreuz
23 Krückenkreuz
24 Gesäumtes Kreuz
25 Jerusalemkreuz
26 Steigender Halbmond
27 Halbmond
28 Abnehmender Halbmond
29 Fünfzackiger Stern/Mullet
30 Sechszackiger Stern
31 Durchbohrter fünfstrahliger Stern
32 Etoile (Gewellter Stern)
33 Dreiblatt
34 Vierblatt
35 Fünfblatt
36 Rose-en-soleil (»Rose in der Sonne«)
37 Fleur de lis (»Lilienblüte«)
38 Katharinenrad
39 Sternendistel
40 Bowen-Knoten
41 Bourchier-Knoten
42 Stafford-Knoten
43 Heneage-Knoten
44 Wake-Knoten
45 Akanthus

3.07

WAPPENSCHILDER 2

A Teile des Wappenschilds
1 Das Feld
2 Schildhaupt
3 Rechter Seitenrand
4 Linker Seitenrand
5 Unterrand (Spitze)
6 Rechte Oberstelle
7 Ortstelle
8 Linke Oberstelle
9 Rechte Hüftstelle
10 Herzstelle
11 Linke Hüftstelle
12 Rechte Unterstelle
13 Linke Unterstelle
14 Fersenstelle
15 Ehrenreihe
16 Mittelreihe
17 Fußreihe

B Tinkturen und Schildmuster
18 Gold
19 Silber
20 Blau
21 Rot
22 Schwarz
23 Grün
24 Purpur
25 Orange
26 Blutfarbe
27 Maulbeerrot, braunrot
28 Hermelin
29 Erminoys (hermelinartig)
30 Gegenhermelin
31 Pean (punktierter Grund mit Hermelinspitzen)
32 Feh
33 Gegenfeh
34 Verschobenes Feh
35 Krückenfeh
36 Gegenkrückenfeh

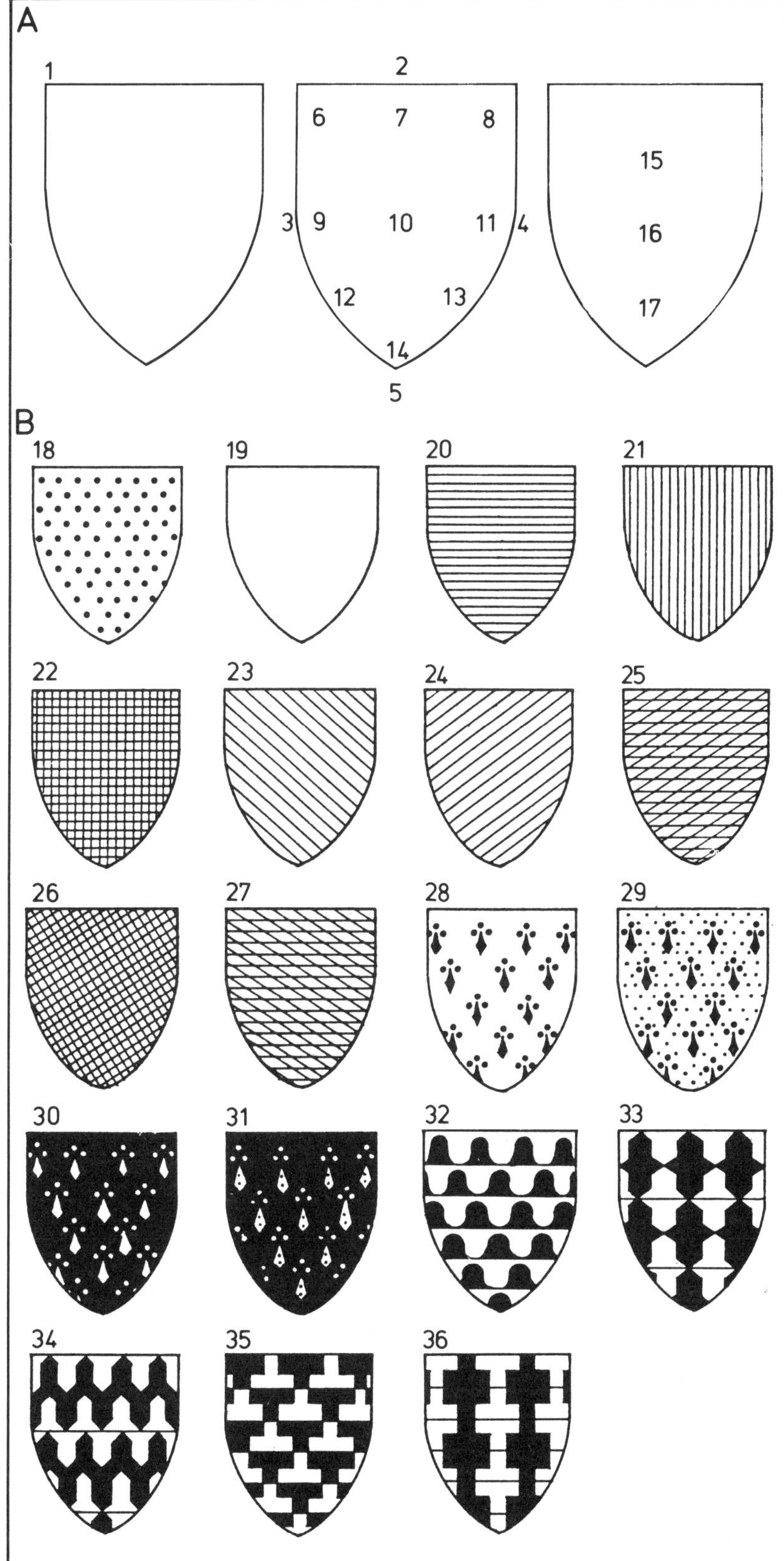

3.08

ORNAMENTIK
WAPPENSCHILDER 1

A Schildteilungen
1 Gespalten
2 Geteilt
3 Schräg rechts geteilt
4 Schräg links geteilt
5 Schräg geviert
6 Deichselteilung
7 Gedrückte Spitze
8 Geviert
9 Geständert
10 Geteilt und schräg geviert
11 Gespalten und halb geteilt
12 Geteilt und halb gespalten
13 Balken
14 Pfahl
15 Schrägbalken
16 Gequert
17 Rechts geschrägt
18 Links geschrägt
19 Ablang geteilt
20 Gesparrt
21 Geschacht
22 Gerautet
23 Geweckt
24 Gequert und geschrägt
25 Gespalten und geschrägt
26 Geschrägter Schrägbalken
27 Gespalten und gequert
28 Besant/Goldpfennige
29 Tränen
30 Lilien

B Begrenzungslinien
31 Dornenschnitt
32 Schuppenschnitt
33 Wellenschnitt
34 Schlangenschnitt
35 Wolkenschnitt
36 Nebelschnitt
37 Zahnschnitt
38 Spitzenschnitt
39 Zinnenschnitt
40 Astschnitt
41 Schwalbenschwanzschnitt
42 Krückenschnitt
43 Stufenschnitt
44 Schrägstufenschnitt
45 Escartelly (ähnlich einer Grabenwand)
46 Pfropfschnitt
47 Stufenzinnenschnitt
48 Bogenschnitt
49 Doppelbogenschnitt
50 Urdy
51 Lilienschnitt
52 Dancetty floretty (Blumentanz)
53 Kammschnitt
54 Wolfszahnschnitt

3.09

ORNAMENTIK
HEROLDSBILDER UND -FIGUREN

1 Freiviertel
2 Ständer
3 Raute
4 Fensterraute
5 Wecken
6 Durchbohrte Raute
7 Schindel
8 Geflutete Scheibe
9 Turnierkragen
10 Schildchen
11 Scheiben
12 Ringe
13 Inbord, Umzug
14 Schildlein
15 Bord, Bordüre, Einfassung
16 Zinnenbord
17 Doppelbord
18 Lilienbord
19 Bogenflanken
20 Zirkelstreife
21 Knotenkreuz
22 Flechtgitter
23 Stufen-, Kalvarienkreuz
24 Fußspitztatzen-Kreuz
25 Tau-, Antoniuskreuz
26 Kreuz mit ausgebrochenem Quadrat
27 Durchbrochenes Kreuz
28 Questenflecht-Kreuz

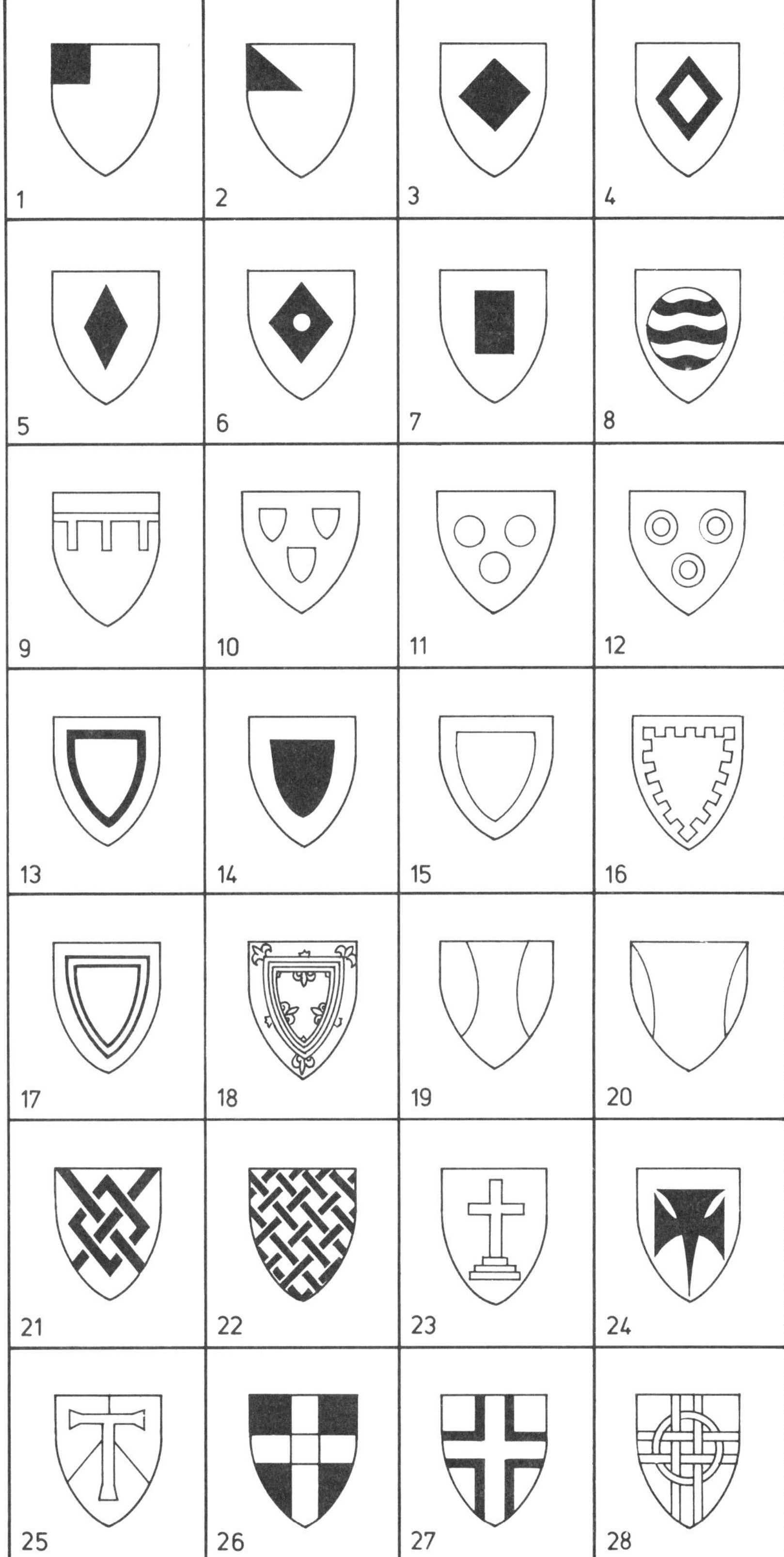

3.10

A Axonometrien
1 Isometrisch
2 Dimetrisch
3 Trimetrisch

B Plan und Aufriß

C Schrägriß

D Perspektiven
4 Frontalperspektive
5 Froschperspektive
6 Vogelperspektive

ZEICHNERISCHE DARSTELLUNGEN

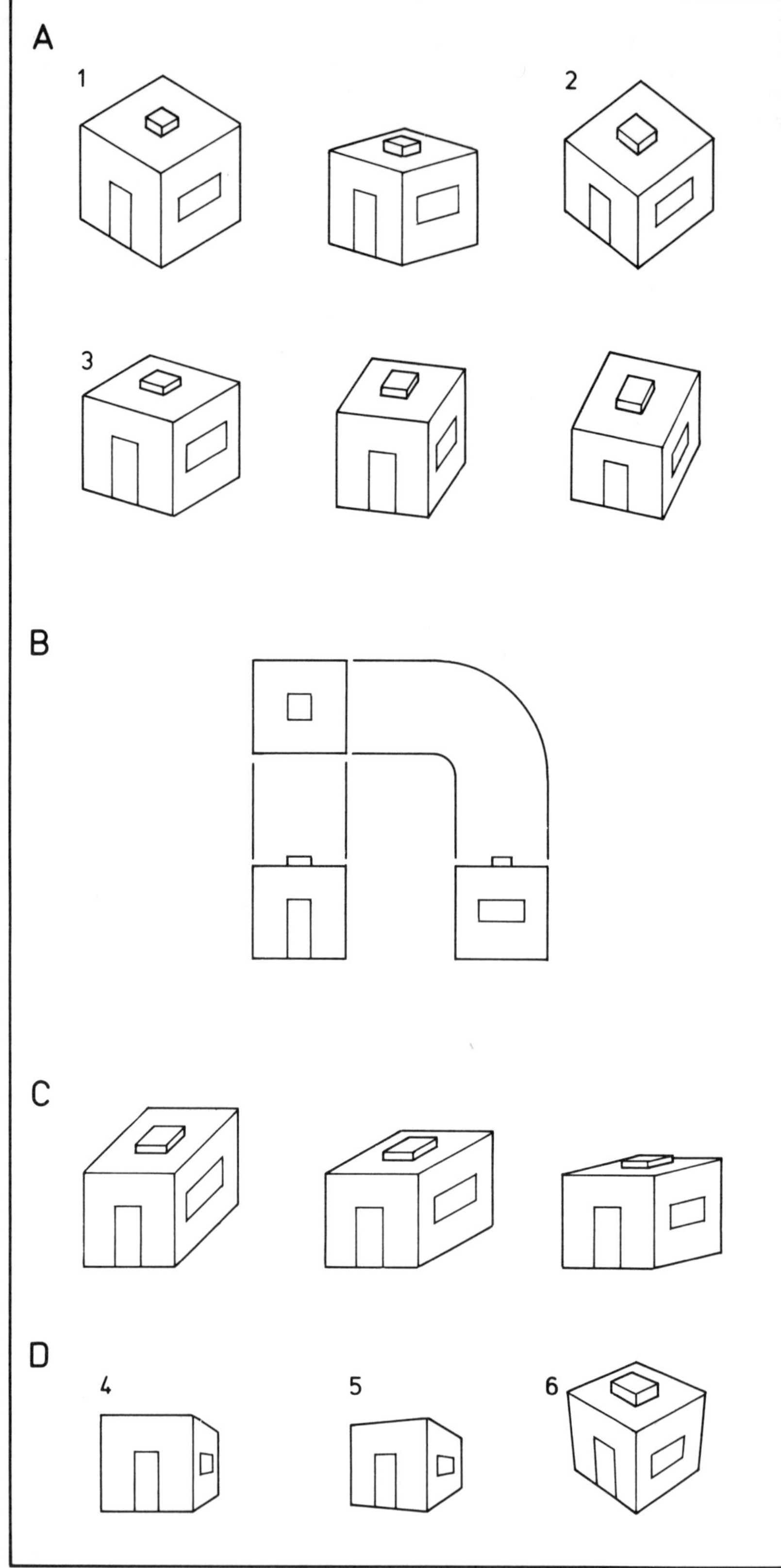

Aalto, Hugo Alvar Henrik (1898–1976): finnischer Architekt und Vertreter des Internationalen Stils mit großem Gespür für Werkstoffe, vor allem für Holz und Backstein; außerdem der Erfinder von Sperrholzmöbeln.
Abakus (1.03, 1.06): flache Deckplatte, die den oberen Abschluß eines Kapitells bildet.
Abaton: siehe Adyton.
Abfasen: eine Kante so bearbeiten, daß eine schräge Fläche oder Fase entsteht.
Abgerundeter Stoß (2.16): Verbindungsform zweier Elemente.
Abgestrichene Fuge (2.02): Fugenart.
Abgetreppter Überhangstreifen (2.08): Abdichtung zwischen einer Wand (z. B. des Schornsteins) und einer Dachfläche.
Abhängling (2.12): zapfenförmig herabhängender Schlußstein.
Abkreuzung (2.10): Konstruktion zur Versteifung einer Balkenlage.
Ablang geteilt (3.08): Schildteilung.
Ablauf (3.01): konkav kurvierte Vermittlung zwischen vorspringendem oberen und zurücktretendem unteren Bauglied.
Abnehmender Halbmond (3.06): Wappenbild.
Abort (1.13): Klosett, häufig als Anbau.
Abtraufe (1.08): wasserabführende Vorrichtung in Form einer schmucklosen Röhre oder Ablaufrinne.
Abtritterker (1.07): mittelalterliche Art des Aborts in Form eines kleinen Erkers.
Achse: horizontale oder vertikale Linie, auf die bauliche Schöpfungen bezogen sind.
Achteckige Säule (1.06): in der römischen Architektur vielfach verwendete Säulenform.
Adam, Robert (1728–92): schottischer Baumeister und Möbeldesigner des Klassizismus. Schuf zusammen mit seinem Bruder James den Adam-Stil, eine spezifisch britisch-georgianische Neuinterpretation antiker Architektur und Inneneinrichtung.
Ädikula: kleines, offenes Giebelgebäude, das eine Wandnische umrahmt.
Adlerschnabel (3.01): Gesimsform.
Adobe: spanische Bezeichnung für luftgetrocknete Lehmziegel, mit denen vor allem Indios in Lateinamerika und im Südwesten der USA ihre Häuser bauen.
Adyton (1.01): der innerste Raum, das Allerheiligste eines griechischen Tempels.
Agora: Platz der antiken griechischen Stadt für Märkte und Versammlungen.
Ährenwerk: siehe Fischgratverband.
Akanthus (1.05, 3.04, 3.06): in Griechenland verbreitete Distelart, deren stilisierte Blätter, besonders für das korinthische Kapitell und in der mittelalterlichen Baukunst, ein beliebtes Dekorationsmotiv waren.
Akkordeonfenster (2.15): Fensterform.
Akropolis: hochgelegene, befestigte Anlage der griechischen Antike; am bekanntesten in Athen, wo sie die prächtigsten Tempel und Schatzhäuser umfaßt.
Akroter(ion) (1.03): bekrönendes Element, meist Giebelverzierung an Tempeln.
Alae (1.01): gegen das Atrium eines römischen Wohnhauses offene Seitenräume.
Alberti, Leon Battista (1404–72): florentinischer Dichter, Gelehrter, Architekt, Mathematiker und Verfasser von Abhandlungen über Kunst. Führender Baumeister und Theoretiker der italienischen Renaissance.

Ädikula: Pompeji, vor 79 n. Chr.

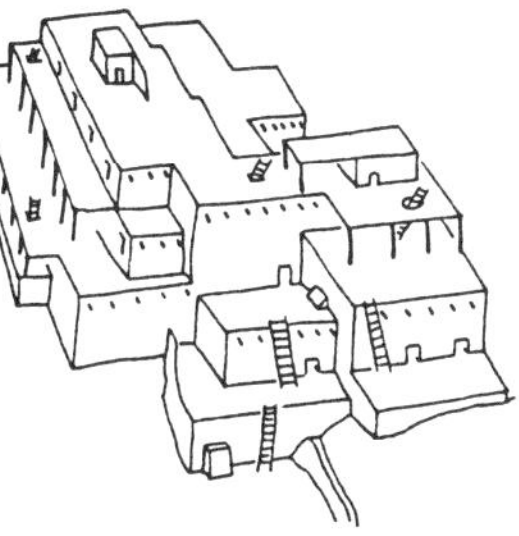

Adobe-Pueblo: Pecos, New Mexico, ca. 1300–1700

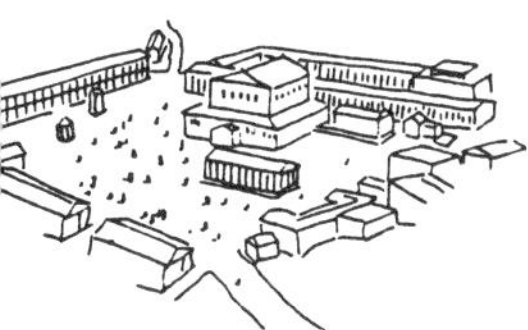

Agora: Athen, 150 n. Chr.

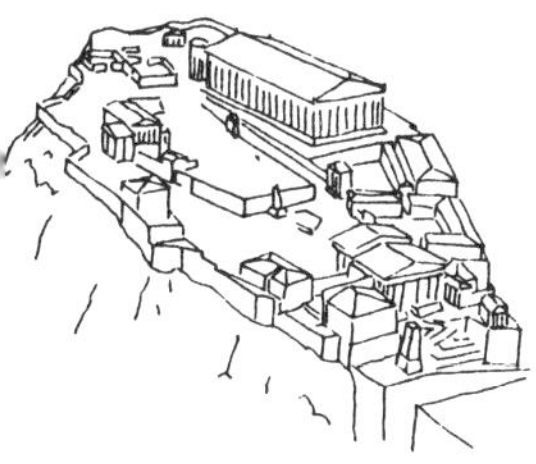

Akropolis: Athen, nach 27 v. Chr.

Altargrab: Porlock, England, ca. 1500

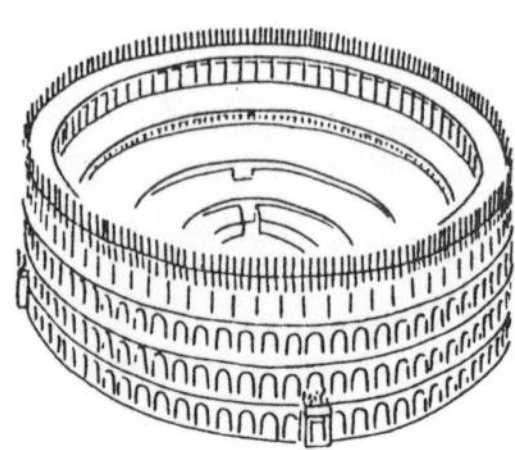
Amphitheater: Colosseum, Rom, 82 n. Chr.

Angelsächsischer Kirchturm: Earls Barton, England, ca. 1000

Aquädukt: Pont du Gard, Nîmes, Frankreich, ca. 19 v. Chr. von Agrippa

Arabeske: von Jean Gourmont, gest. 1551

Alkoven: mit dem Wohnraum verbundener kleiner, fensterloser Nebenraum, in dem ein Bett steht.
Almosenhaus: Gebäude oder Raum des Klosters zur Austeilung der Almosen an die Armen.
Altan (1.13): unterbauter Austritt in einem Obergeschoß.
Altar (1.09, 1.10): zentrale Stätte zur Darbringung des Opfers in einem Tempel oder Ort des eucharistischen Mahls in einer Kirche.
Altargrab: Begräbnisstätte von Märtyrern, die mit einem Altar verbunden ist (Abbildung S. 49).
Altarschranke (1.10): niedriges, oft verziertes Geländer zur Abgrenzung des Raums vor dem Altar von übrigen Kircheninneren.
Ambo: erhöhtes Lesepult in frühchristlichen und byzantinischen Kirchen.
Amerikanischer Verband (2.03): Backsteinverband.
Amorette: geflügelter kleiner Knabe in der Bauplastik, besonders des Rokoko.
Amphiprostylos: antiker Tempel, bei dem die Säulen an den Schmalseiten nicht zwischen Anten stehen.
Amphitheater: rundes oder ovales Freilufttheater mit anteigenden Sitzreihen.
Andreaskreuz (3.06): Dekorationsmotiv und Wappenbild.
Andron (a) Verbindungsgang zwischen Atrium und Peristyl im römischen Wohnhaus (1.01); (b) Speisesaal für Gastmähler in der griechischen Antike.
Andronitis: Wohnteil der Männer im griechischen Wohnhaus.
Anfänger: erster Stein eines Bogens oder Gewölbes über dem Kämpfer.
Angel (2.16): Vorrichtung zum Einhängen der Tür.
Angelsächsischer Stil (siehe Zeittafel): in England von ca. 650 bis zum 11. Jahrhundert verbreiteter Architekturstil. Die meisten frühen Bauwerke aus Holz exisiteren nicht mehr. Wurde auch nach der Eroberung durch die Normannen in weiterentwickelter Form im Kirchenbau angewandt.
Ankerkreuz (3.06): Wappenbild.
Anrichte (1.13): Raum zur Aufbewahrung von Kochutensilien.
Anschlag (2.16): der um die Maueröffnung laufende Absatz, gegen den ein Fensterflügel oder ein Türblatt schlägt.
Ante: vorgezogene Seitenwände der Cella eines Tempels.
Antefix: dekorativer Stirnziegel, der beim antiken Tempel den Stoß der Flachziegel überdeckt.
Anthemion (3.04): antikes Ornament aus Palmetten und Lotosblüten.
Anthemius von Tralles: byzantinischer Architekt und Geometriker des 6. Jahrhunderts, der zusammen mit Isidor von Milet in Konstantinopel eines der großartigsten Bauwerke des Christentums – die Hagia Sophia (532–37) – plante und schuf.
Antoniuskreuz: siehe Taukreuz.
Antrittspfosten (2.11): der unterste Geländerpfosten eines Treppenlaufs.
Antrittsstufe (2.11): die unterste Stufe eines Treppenlaufs.
Anulus (1.03): Ring am unteren Ende des Echinus am dorischen Kapitell.
Apartmenthaus: aus dem Amerikanischen stammende Bezeichnung für Haus mit mehreren kleinen modernen Wohnungen.
Apodyterium (1.02): Auskleideraum in römischen Thermen.
Apollodorus von Damaskus (aktiv ca. 98–130): aus Syrien gebürtiger römischer Ingenieur und Architekt und offizieller Baumeister des Kaisers Trajan. Übte seine Tätigkeit vor allem in Rom an den Bädern und dem Forum des Trajan aus.

Apophyge (1.06): Verbindungskehle, Säulenab- oder -anlauf.
Apotheca (1.01): Speicher.
Appaumée (3.05): Wappenmotiv.
Apsis (1.09): halbkreisförmiger Abschluß eines antiken Bauwerks oder einer christlichen Kirche.
Aquädukt: von den Römern entwickelte und aus Stein oder Ziegel erbaute Gefällwasserleitung (Abbildung S. 50).
Arabeske: Dekoration aus geometrischen Formen und stilisiertem Ranken- und Blattwerk (Abbildung S. 50).
Arabischer Hufeisenbogen (2.13): Bogenform.
Aräostylos (1.05): Säulenstellung, bei der das Interkolumnium 3½ untere Säulendurchmesser beträgt, »lichtsäulig«.
Archer, Thomas (1678–1743): der einzige englische Barockbaumeister, der sich seinen Stil in Frankreich und Italien aneignete; war nur von 1703–15 tätig.
Architrav (1.03): in der antiken Baukunst der waagerechte, den Oberbau tragende Hauptbalken.
Architravbau: Bauweise, bei der die Stützen nur durch waagerechte Balken, nicht durch Bogen miteinander verbunden sind.
Archivolte: von der Mauerwand abgesetzte Einfassung eines Rundbogens.
Arena: Kampfplatz im Zentrum des römischen Amphitheaters.
Arkade (1.12): über Säulen oder Pfeilern errichtete Bogenstellung, die freistehend oder einer Wand aufgelegt (Blenderarkade) sein kann.
Armenhaus: karitative Einrichtung zur Unterbringung der Armen einer Gemeinde.
Arnolfo di Cambio (ca. 1245–1302): florentinischer Bildhauer und Steinmetz, der ab 1296 am Wiederaufbau des Doms von Florenz beteiligt war.
Arsenal: Gebäude zur Herstellung und Lagerung von Waffen. Zwei historische Beispiele befinden sich in Venedig und Piräus.

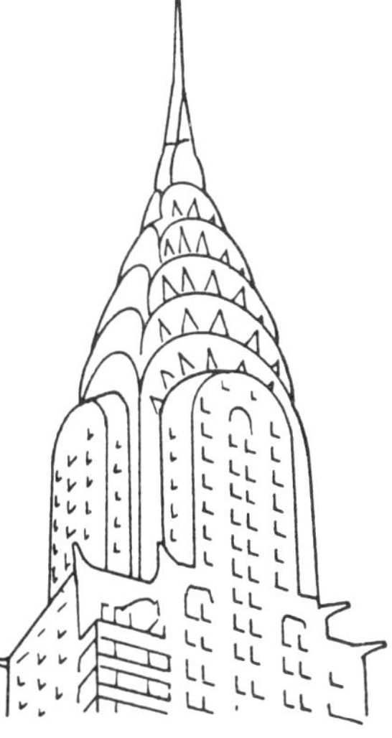
Art Deco: Chrysler Building, New York, 1930 von Van Allen

Art Deco: Kunstgewerbe- und Architekturstil, der 1925 in Paris entstand und zwischen den Weltkriegen in Europa wie Amerika verbreitet war. In seinen stilisierten, modernen Formen versöhnten sich Massenproduktion und künstliche Baustoffe (etwa Bakelit) mit anspruchsvollem Design.
Arup, Ove (1895–1988): dänischer Ingenieur und Architekt, entwickelte in den 30er Jahren in London bahnbrechende Methoden im Betonbau. Seine Nachkriegsarbeiten waren durch eine harmonische und kreative Verbindung von Technik und Ästhetik gekennzeichnet, so etwa das Institut für Bergbau und Metallurgie der Universität Birmingham.
Asam, Cosmas Damian (1686–1739 und **Egid Quirin** (1692–1750): Brüder, die als führende Architekten und Bildhauer des Bayerischen Rokoko tätig waren.
Asbest: feuerfestes Isoliermaterial aus Mineralfasern, hochgiftig.
Ashbee, Charles Robert (1863–1942): englischer Architekt, Designer und Schriftsteller, Vertreter der Arts-and-Crafts-Bewegung und führendes Mitglied der Art Worker's Guild.
Astragal (1.05, 3.02, 3.03): halbrundes Zierglied der ionischen Ordnung, Perl-, Eierstab.
Astschnitt (3.08): heraldische Begrenzungslinie.
Atlant (1.06): männliche Figur, die in der Architektur der Antike und des Barock als Stütze diente, auch Gigant oder Telamon.

Balkon: Mon Plaisir, Sommerhaus Peters des Großen, Peterhof (bei Leningrad), 1712

Atrium: (a) Hauptraum des römischen Wohnhauses (1.01); (b) Vorhof der altchristlichen Basilika (1.09); (c) Innenhof eines Gebäudes.
Attika: niedriger Aufbau über dem Hauptgesims eines Bauwerks.

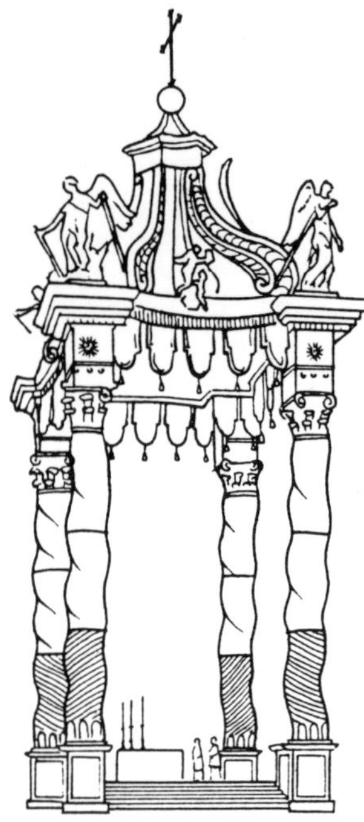

Baldachin: Peterskirche, Rom, 1633 von Bernini

Barock: S. Carlo alle Quattro Fontane, Rom, Fassade 1667 von Borromini

Attikageschoß (2.06): an die Stelle der Attika tretendes niedriges Obergeschoß.
Attische Basis: Sonderform der ionischen Säulenbasis.
Auditorium (1.02): der Zuschauerraum im antiken Theater.
Auflager (2.12): Fläche, auf der das Ende eines tragenden Baugliedes aufliegt.
Aufschiebling (2.09): Teil einer Dachkonstruktion.
Auge (2.06): kreisrunde Öffnung im Scheitel einer Kuppel.
Ausfallpforte: siehe Poterne.
Ausgekratzte Fuge (2.02): Fugenart.
Ausgemauertes Fachwerk (2.04): Schalungstechnik.
Auskragung: das Vorspringen eines Bauteils aus der Bauflucht.
Auslucht: erkerartiger, durchfensterter Vorbau eines Erdgeschosses.
Aussichtsturm: Turm, der eine Fernsicht ermöglicht, besonders in Stadt- und Waldgebieten.
Axonometrie (3.10): Parallelprojektion, zur Unterscheidung von der Zentralperspektive auch Parallelperspektive genannt.
Azulejo: vielfarbig glasierte Fayencekachel, verbreitet in Spanien, Portugal und Lateinamerika.
Backstein (2.02): aus Ton oder Lehm geformter, durch Brennen gehärteter Baustein.
Backsteinarchitektur (2.02): Bauweise aus geschichteten Ziegeln.
Backsteinkern: aus Backsteinen gefertigte Hintermauerung eines Bogens.
Bad: siehe Therme.
Baldachin: (a) Prunkhimmel aus Stoff; (b) kleines steinernes Prunkdach über Statuen oder Kanzeln.
Balken (a) tragendes horizontales Bauelement; (b) Schildteilung (3.08).
Balkenlage: Gesamtheit der Balken (a) in einer waagerechten Ebene.
Balkon: Vorsprung an der Außenwand oder in der Halle eines Gebäudes, der einen Austritt trägt und durch ein Geländer oder eine Balustrade begrenzt ist (Abbildung S. 51).
Ballenblume (3.04): Dekorationsmotiv.
Balloon framing (2.10): in den USA gebräuchliche moderne Variante des Fachwerks.
Baluster (2.11): kleine Säule, die eine Brüstung oder einen Handlauf trägt.
Balustrade: aus Balustern gebildetes Geländern.
Bambusfries (3.03): Ornament.
Band (3.01): flach vorspringendes waagerechtes Bauglied.
Bandhöhe (2.16): Teil der Tür.
Bandleiste (2.10): Teil einer Holzkonstruktion.
Bankeisen: siehe Wandanker.
Banksockel (1.12): Gebäudesockel in Form einer umlaufenden Steinbank.
Baptisterium (1.08): Taufkapelle.
Barbakane (1.07): Vorwerk zum Schutz einer Zugbrücke, eines Burgeingangs oder eines Stadttors.
Bärenkopf (3.05): Schildfigur.
Barock: Europäischer Kunst- und Architekturstil, der sich Ende des 16. Jahrhunderts aus der Spätrenaissance entwickelte. Mit seinen Bauelementen, in denen klassische Formen und Motive reicher, plastischer und bewegter verwendet wurden, erreichte er äußerst komplexe Raumdurchdringungen. In Teilen Europas noch bis ins 18. Jahrhundert hinein verbreitet.

Basilika des Maxentius (Konstantin): Rom, 313 n. Chr.

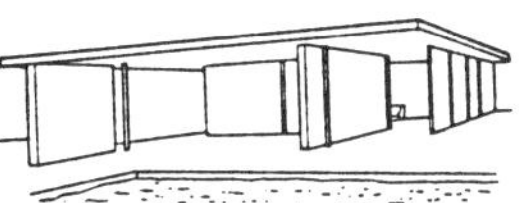
Bauhaus: deutscher Ausstellungspavillon, Barcelona, 1929 von Mies van der Rohe

Belvedere: Palazzo Guadagni, Florenz, 1506

Bema: Agora von Athen

Basilika: in der römischen Architektur mehrschiffige Halle, hauptsächlich für Gerichtszwecke. Im 4. Jahrhundert vom Christentum als einer der Hauptgrundrisse für Kirchen übernommen.
Basilisk (3.05): Schildfigur.
Basis (1.05): ausladender Fuß einer Säule oder eines Pfeilers.
Basrelief: Flachrelief.
Bastion (1.07): vom Befestigungsring vorspringende Verteidigungsanlage. Wesentlicher Bestandteil der europäischen Militärarchitektur vom 16. bis zum 19. Jahrhundert.
Bauhaus: deutsche Hochschule für Bau und Gestaltung, gegründet von dem Architekten Walter Gropius. Inbegriff der Verbindung von modernem Design, Massenfertigung, Industrieästhetik und einer teutonisch-romantischen Version der abstrakten Kunst. War bis 1925 in Weimar, dann bis 1932 in Dessau beheimatet, wurde schließlich von den Nazis geschlossen, blieb aber auch während des Exils in der USA bis in die 70er Jahre ein Vorbild für moderne Architektur.
Baukastensystem: modernes Prinzip der Massenproduktion, das weitgehend auf den standardisierten Dimensionen von Fertigbauteilen beruht. Seine theoretische Grundlage erhielt es durch Le Corbusiers Modulor.
Baum entwurzelt (3.05): Wappenfigur.
Behrens, Peter (1868–1940): Architekt und Designer, der aus dem Dunstkreis der Arts-und-Crafts-Bewegung kam und in Deutschland Fabriken, Geschäfte und Industrieprodukte gestaltete. Ein Vater der Moderne: Gropius, Mies van der Rohe und Le Corbusier arbeiteten in seinem Büro bei der AEG (1910).
Beischlag: Terrasse mit Brüstung und Freitreppe an der Straßenseite eines Hauses.
Beletage: Geschoß, in dem sich die Repräsentationsräume befinden.
Bellevue: siehe Belvedere.
Belvedere: (a) Aussichtsterrasse, gewöhnlich auf dem Dach eines Gebäudes, mit weitem oder interessantem Ausblick auf Plätze, Gärten oder Landschaften; (b) architektonisch gestalteter Aussichtspunkt in Parks und Name schön gelegener Garten- und Lustschlösser.
Bema: erhöhtes Presbyterium im Chor der frühchristlichen Basilika.
Beplankung (2.10): Bekleidung einer Konstruktion mit Holzplatten oder Vollholz.
Berapp: siehe Rauhputz.
Bergfried (1.07): Hauptturm der mittelalterlichen Burg.
Bering: siehe Zingel.
Berme (1.07): waagerechter Absatz einer Festungsböschung.
Bernini, Gianlorenzo (1598–1680): italienischer Bildhauer und Meister der römischen Barockkunst, außerdem bedeutender Architekt, dessen Bauwerke (z. B. der Baldachin im Petersdom 1624–33 und der Palazzo di Montecitorio ab 1650) bis heute auf vielfältige Weise den architektonischen Charakter Roms geprägt haben.
Besant (3.08): Schildteilung.
Beschlag: oft dekorativ ausgebildete, meist flache Metallteile zur Verfestigung und Verzierung von Holztüren.
Beschlagwerk: reliefartige Flächenornamente.
Beton: aus Sand, Kies, Zement und Wasser gemischtes Baumaterial.
Béton brut: unbearbeiteter und unverputzter Beton, der je nach Schalung verschiedene Oberfächenstrukturen aufweist.
Bewurf: siehe Putz.
Biberschwanz (2.08): gewöhnlicher flacher Dachziegel.
Bibliothek (1.02): Raum zum Aufbewahren und Lesen von Büchern.

Binder: (a) der im Mauerverband die Schmalseite nach außen kehrende Backstein (2.02); (b) das Tragwerk beim Dachstuhl (2.09).
Birke: europäisches Hartholz, das für Möbel, Sperrholz und Furniere verwendet wird.
Blatt: spitzbogiges Element des gotischen Maßwerks.
Blattkapitell (1.06): mit stilisierten oder naturgetreu nachgebildeten Blättern geschmücktes Kapitell.
Blattwelle: siehe Kyma.
Blattwerk (3.04): Sammelbezeichnung für Verzierung mit stilisierten oder naturgetreu nachgebildeten Blättern.
Blau (3.07): heraldische Farbe, Tinktur.
Bleirute: Metallstreifen, mit dem die Einzelteile großer Glasmalereien, aber auch Butzenscheiben gefaßt sind.
Blendfenster: Fenster, das einer Fassade vorgeblendet sein kann, ohne daß Öffnungen dahinterliegen.
Blendrahmenfenster (2.15): Fenster, dessen Rahmen fest mit dem Mauerwerk verbunden sind.
Blendstein: Stein aus schönerem oder besserem Material zum Verkleiden der Außenfläche einer einfacheren Mauer.
Blockbau (2.04): Holzbau, bei dem die Wände aus waagerecht aufeinander geschichteten Balken oder Stämmen gebildet werden.
Blutfarbe (3.07): heraldische Farbe, Tinktur.
Bodenfries (2.16): Teil der Tür.
Bogen (2.12, 2.13): gewölbte Konstruktion in einer Maueröffnung, die die Last abfängt bzw. überleitet, aus keilförmigen Steinen oder mit keilförmigen Mörtelfugen gebaut.
Bogenarchitektur: Baukunst, deren charakteristisches Konstruktionselement im Gegensatz zur Gebälkarchitektur der Bogen oder das Prinzip des Bogenbaus ist.
Bogenbinder (2.09): Teil eines Dachstuhls.
Bogenflanken (3.09): Heroldsbild.
Bogenscharte: siehe Schießscharte.
Bogenstein: siehe Wölbziegel.
Bogenstrebe (2.09): Teil der Dachkonstruktion.
Boiserie: mit Flachreliefs geschmücktes Täfelwerk.
Bord, Bordüre (3.09): Heroldsbild.
Bördelfuge (2.02): Fugenart.
Borromini, Francesco (1599–1667): origineller Architekt des römischen Barock und Konkurrent von Bernini. Sein erster großer Erfolg war die kleine Kirche San Carlo alle Quattro Fontane (1638–46), bei der eine eigenständige Raumgestaltung über die Winzigkeit des Baugeländes triumphierte.
Böschung (1.07): schräge Außenfläche einer Erdschüttung.
Bosse: die grob zugehauene Ansichtsfläche eines Werksteins.
Bossenmauerwerk: siehe Rustika.
Bossieren (2.01): einen Werkstein so bearbeiten, daß eine Bosse entsteht.
Boullée, Etienne-Lois (1728–99): einflußreicher französischer Architekt des Klassizismus, dessen emotionale Gestaltung sich in einem optisch wie atmosphärisch romantischen Stil äußerte.
Bourchier-Knoten (3.06): Wappenbild.
Bowen-Knoten (3.06): Wappenbild.
Bramante, Donato (1444–1514): führender Architekt der italienischen Hochrenaissance. Bei Urbino geboren, war er von Alberti und Leonardo beeinflußt. Seine größten Werke entstanden in Mailand und Rom, wo er 1506 mit dem Neubau des Petersdoms begann. Seine Arbeit war erst beim Tode seines Auftraggebers Papst Julius II. im Jahre 1513 beendet.

Brandblende (2.10): Sperre, die verhindern soll, daß sich ein Feuer über mehrere Bauteile ausbreitet.
Brandmauer: Wand zwischen zwei aneinander gebauten Häusern, in die keine Holzteile einbinden dürfen.
Brett-auf-Brett-Verkleidung (2.04): Schalungstechnik.
Brett-Deckleisten-Verkleidung (2.04): Schalungstechnik.
Breuer, Marcel Lajos (1902–81): ungarischer Architekt, studierte und arbeitete am Bauhaus und war später in den USA tätig. Bei ihm paarte sich die Strenge des Internationalen Stils mit einem instinktmäßigen Gespür für Werkstoffe.

Brücke: Trajans Brücke über die Donau, 104 n. Chr. von Apollodorus von Damaskus

Brown, Lancelot (Capability) (1716–83): englischer Landhausarchitekt und Vertreter des Palladianinismus, der sich besonders als Schöpfer des zwanglos gestalteten englischen Landschaftsgartens, etwa von Warwick Castle und Blenheim Palace, einen Namen machte.
Bruchsteinmauerwerk (2.01): Mauerwrek aus rohen oder kaum behauenen Natursteinen.
Brücke: Bauwerk, mit dem zu Fuß, auf einer Straße oder per Eisenbahn natürliche oder künstliche Hindernisse überquert werden können.
Brunel, Isambard Kingdom (1806–56): britischer Ingenieur und Konstrukteur der Hängebrücke von Clifton, der Eisenbahnstrecke von London nach Bristol, berühmter Schiffe wie der *Great Western* und der *Great Eastern* und der Docks von Monkwearmouth in Bristol.
Brunelleschi, Filippo (1377–1446): der gebürtige Florentiner war der erste große Architekt der italienischen Renaissance und außerdem Goldschmied und Bildhauer. Sein berühmtestes Bauwerk wurden Kuppeln und Laterne des Doms von Florenz (1420–38).

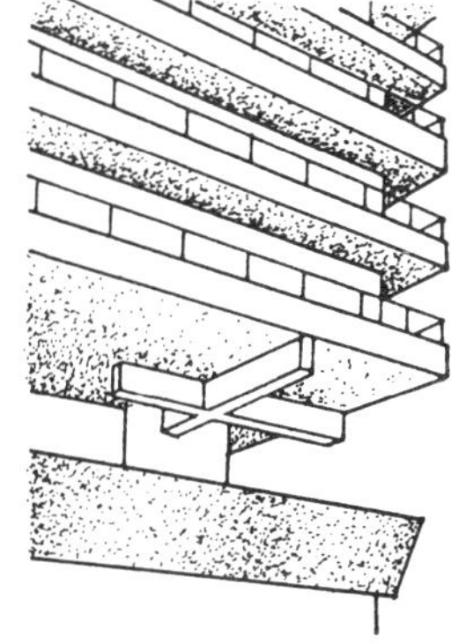

Brutalismus: »The Barbican Estate«, London, 1970 von Bon, Chamberlin und Powell

Brustriegel (2.10): Querverbindung unter einer Fensteröffnung im Fachwerk.
Brustschwelle (2.10): Teil eines Fachwerks.
Brüstung: niedrige Mauer zur Begrenzung hochgelegener Öffnungen.
Brustwehr (1.07): ein schützender Wall in der Militärarchitektur.
Brutalismus: kompromißlos moderner Architekturstil, bei dem ab Mitte der 50er Jahre häufig mit Sichtbeton und sichtbar gelassenen Installationen gearbeitet wurde.
Buche: europäisches und asiatisches Hartholz, das in der Bauindustrie häufig verwendet wird.
Buchsbaum: sehr robustes Hartholz.

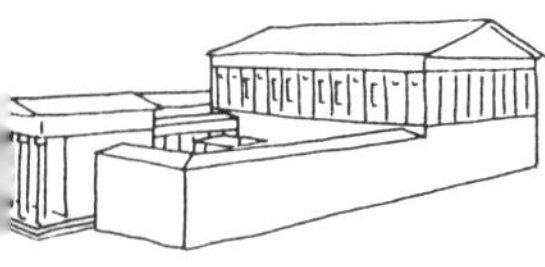

Buleuterion: Milet, ca. 170 v. Chr.

Buchständer/Bundpfosten (2.10): Teil eines Fachwerkbaus.
Bukranion (3.05): mit Ranken und Bändern geschmückter Rindsschädel als Dekorationsmotiv aus der Antike.
Buleuterion: das Rathaus der antiken griechischen Stadt.
Bund: siehe Schaftring.
Bündelpfeiler (1.06): Pfeiler, der rundum mit Halb- und Dreiviertelsäulen besetzt ist.
Bündelsäule (1.06): Säule, deren Schaft wie gebündelt erscheint.
Bungalow: hindustanisches Wort für das eingeschossige Wohnhaus, das von den britischen Kolonialherren populär gemacht wurde.
Burg (1.07): befestigte Wohnanlage eines Territorialherrn.
Burlington, Richard Boyle, 3. Earl von (1694–1753): englischer Förderer und Kenner des Palladianismus. Entwarf auch eigene Bauten, etwa Chiswick House (ca. 1725) basierend auf Palladios Villa Rotonda.
Butterfield, William (1814–1900): herausragender Architekt der englischen Neugotik, vor allem im Kirchenbau. Sein Festhalten an den Prinzipien gotischer Kunst beeinträchtigte nicht seine Originalität im Umgang mit Form und Farbe.

Byzantinische Architektur: Kirche der Heiligen Apostel, Saloniki, ca. 1320

Butzenscheibenfenster (2.15): Fensterform.
Byzantinische Architektur (siehe Zeittafel): ein frühchristlicher Baustil, der sich herausbildete, nachdem Kaiser Konstantin 330 Byzanz (Konstantinopel) zur Hauptstadt des römischen Reiches gemacht hatte. In ihm vereinigten sich anfänglich Elemente der hellenistischen, der römischen und frühchristlichen Architektur. In Westrom wurde er von der Romanik abgelöst, im oströmischen Reich entwickelte er sich bis zum Fall von Byzanz im Jahre 1453 weiter und brachte in der Sakralarchitektur den Typus des reich dekorierten, mit Kuppeln versehenen Zentralbaus hervor, der dann auf dem Balkan, in Rußland und im Vorderen Orient üblich wurde.
Caldarium (1.02): Heißbaderaum der römischen Thermen.
Calefactorium: Wärmestube für Mönche in mittelalterlichen Klöstern.
Campanile (1.08): italienisches Wort für den freistehenden Glockenturm einer Kirche.
Campen, Jacob van (1595–1667): holländischer Vertreter des Palladianismus, hauptsächlich in Den Haag und Amsterdam als Architekt tätig, der klassische Motive mit niederländischem Backsteinmauerwerk und einheimischen Walmdächern kombinierte.
Carport: amerikanisches Wort für Garage.
Cella (1.01): fensterloser Hauptraum des antiken Tempels.
Chalet: Landhaus in den Alpen, ursprünglich Schweizer Sennhütte.
Chambers, Sir William (1723–96): britischer Architekt und Mitbegründer der Royal Academy. Ziemlich dogmatisch, aber ungeheuer erfolgreich mit seiner Variante des englischen Palladianismus, wie etwa beim Londoner Somerset House (1766–86).
Cheneau: meist verzierte Traufendachrinne.
Chevet: Ostabschluß einer mittelalterlichen Kirche mit Apsis und Chorumgang.
Chevron (3.03): Ornament.
Chinoiserie: Übernahme oder Imitation chinesischer Formen im Europa des 18. Jahrhunderts, etwa durch den Bau von Pagoden. Am verbreitetsten bei Porzellan und in der Innenarchitektur.
Chor (1.09): Raum zwischen Apsis und Querschiff der Kirche, der den Hauptaltar enthält und ursprünglich für das Gebet des Geistlichen oder der Mönche reserviert war.
Chorbühne: Empore über dem Chor.
Chörlein (2.14): Kapellenerker.
Chorschranke (1.09, 1.10): niedrige Brüstung oder Gitter, das den Chor gegen den Gemeinderaum abgrenzt.
Chorumgang (1.09): ringförmiger Gang um den Chorraum durch Verlängerung der Seitenschiffe.

Churriguerismus: Fassade der Kathedrale von Santiago de Compostela, 1749 von Casas y Noboa

Churriguerismus (siehe Zeittafel): nach den drei Brüdern Churriguera aus Barcelona benannter üppiger barocker Architekturstil im Spanien des 18. Jahrhunders, der Elemente der lateinamerikanischen Kunst umfaßte.
Circus: Bahn für Wagen- und Pferderennen, gesäumt von ansteigenden Sitzreihen.

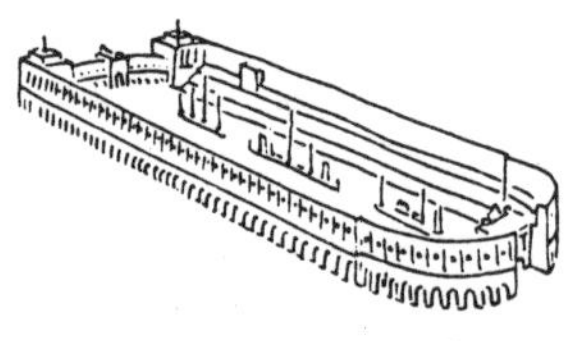
Circus: Circus Maximus, Rom, ca. 300 n. Chr.

Classical style: in Großbritannien geläufige Bezeichnung für einen Baustil, der an die Antike anknüpft, aber nicht dem Klassizismus zuzurechnen ist (in Deutschland etwa karolingische, ottonische oder Protorenaissance).
Cluny: ab 910 in Burgund das Zentrum der Erneuerung des asketischen benediktinischen Mönchtums.
Coade Stone: künstlicher Gußstein, der im 19. Jahrhundert für Dekorationen beliebt war.
Confessio: Märtyrergrab unter dem Hauptaltar.

Crescent: Royal Crescent, Bath, 1775 von John Wood dem Jüngeren

Corona: siehe Geison.
Cortila: meist von Arkaden umgebener Innenhof in Italien.
Cortona, Pietro Berrettini da (1596–1669): römischer Barockbaumeister und Maler, besonders berühmt für seine üppige Verwendung geschwungener Formen, etwa bei der Kirche S. Maria della Pace (Rom 1656–57).
Crescent: halbmondförmig gestaltete Häuserreihe in England.
Crucks (2.09): im mittelalterlichen England übliche spitzbogig aneinandergefügte Hälften eines Baumstammes als Teil der Dachkonstruktion.
Cubiculum (1.01): Schlafraum des römischen Wohnhauses.
Culina (1.01): Küche des weströmischen Wohnhauses.
Cuneus (1.02): keilförmiger Abschnitt des Zuschauerraums eines antiken Theaters.
Curtain Wall: Vorhangfassade, einem Skelettbau vorgehängte nichttragende Wand.
Dach (1.13, 2.05): oberer Abschluß eines Bauwerks zum Schutz gegen Witterung.
Dachbinder: tragender Teil der Dachkonstruktion.
Dachboden (1.15): Raum direkt unter dem Dach eines Hauses.
Dachfenster (2.05, 2.14): Öffnung zur Beleuchtung und Belüftung des Dachbodens.
Dachgaube (2.14): stehendes Dachfenster.
Dachgebinde (2.09): siehe Dachbinder.
Dachgeschoß (1.14): Geschoß direkt unter dem Dach des Hauses.
Dachkammer (1.13): Schlafraum unter dem Dach eines Hauses.
Dachpappe: mit Teer oder Bitumen getränkte Roh- oder Wollfilzpappe zur Dachdeckung.
Dachpfanne (2.08): geschweifter Dachziegel.
Dachreiter (2.08): Glocken-, Uhr- oder Ziertürmchen auf dem First eines Daches.
Dachrinne (2.08): Rinne zur Entwässerung des Daches entlang der Trauflinie.
Damm (1.07): erhöhter Weg zur Überquerung von Wasser, Teil der mittelalterlichen Befestigungsanlage.

Decorated style: Kathedrale von Exeter, England, ca. 1365

Dance, George, der Jüngere (1741–1825): englischer Architekt des Klassizismus, dessen schönste Schöpfung das Londoner Gefängnis von Newgate (1769–78) war. In seinem expressionistischen Umgang mit klassischen Motiven nahm er die Arbeiten von Sir John Soane vorweg.
Dancetty floretty (3.08): Wappenbild.
Daumen, Daumennagel (3.01): Wulstprofile.
Deambulatorium: siehe Chorumgang.
Decke: der meist waagerechte obere Abschluß eines Raums.
Deckenbalken (2.09, 2.10): Teil einer Holzkonstruktion.
Deckenunterzug (2.10): Entlastungsträger unter einer Decke.
Decorated style (siehe Zeittafel): die zweite Phase der englischen Gotik, die von etwa 1290 bis Ende des 14. Jahrhunderts andauerte. Einfache geometrische Formen, konventionell, aber lebhaft ausgebildetes Blattwerk sowie der Eselsrücken sind ihre typischen Merkmale.
Deichselkreuz (3.06): Wappenbild.
Deichselteilung (3.08): Schildteilung.
Dekastylos (1.03): Tempel mit zehn Säulen an einer Front.
Delorme/De l'Orme, Philibert (1500/15–70): französischer Architekt, der 1533–36 in Rom studierte und dazu beitrug, die Baukunst der Antike in Frankreich einzuführen.
Delphin (3.05): Wappentier, auch Meerschwein genannt.

Deutscher Binder (2.09): moderne Version des Scherenjochs.
Deutsches Band (3.03): Ornament.
Diagonalrippe (2.07): Gewölberippe.
Diagonalstrebe (2.10): Teil einer Holzkonstruktion.
Diagonalverband: siehe Schränkeverband.
Diakonikon: in der frühchristlich-orientalischen Kirche der Aufenthaltsort für die Diakone.
Diamantfries (3.03): ornamentiertes Bauglied.
Diastylos (1.05): Säulenstellung, bei der das Interkolumnium drei untere Säulendurchmesser beträgt, »weitsäulig«.
Diazoma (1.02): halbrunder Umgang im Auditorium eines antiken Theaters.
Diele (1.13): Raum im Erdgeschoß eines Hauses, der als Empfangs-, Wohn- oder Vorraum dienen kann.
Dienst: dünne Viertel- bis Dreiviertelsäule, die Gurte und Rippen eines Gewölbes stützt.
Dimetrische Axonometrie (3.10): Art der zeichnerischen Darstellung eines Objektes.
Dipteros (1.03): Tempel mit umlaufender doppelter Säulenstellung.
Distylos (1.03): Tempel mit zwei Säulen an einer Front.
Distylos in Antis (1.03): Antentempel mit zwei Säulen zwischen den Anten.
Dodekastylos (1.03): Tempel mit zwölf Säulen an einer Front.
Domikalgewölbe (2.06): kuppelartig überhöhte Gewölbeform mit Diagonal- und Scheitelrippen.
Doppeladler (3.05): Wappentier.
Doppelantentempel (1.03): Antentempel mit gleicher Anordnung auf der Rück- wie auf der Vorderseite.
Doppelbord (3.09): Heroldsbild.
Doppelfenster: Fenster mit zwei parallel hintereinander geschalteten Flügeln zum zusätzlichen Schutz gegen Witterung und Außengeräusche.
Doppelhaken (2.02): Wandanker.
Doppelkreuz: siehe Patriarchenkreuz.
Doppelkreuzverband (2.03): Backsteinverband.
Doppeltreppe (2.11): Treppenform.
Dorische Ordnung (1.04, 1.05): älteste griechische Säulenordnung.
Dormitorium: Flügel mit Schlafräumen im Kloster.
Doxale: siehe Lettner.
Drache (3.05): Wappentier.
Drehkreuz (2.07): Türform.
Drehtür (2.17): Türform.
Dreiblatt: (a) siehe Blatt; (b) Wappenbild.
Dreiecksbogen (2.13): Bogenform.
Dreifachfenster (2.15): Fensterform.
Dreiläufige Treppe (2.11): Treppenform.
Dreipaß (1.11): siehe Paß.
Dreipaßbogen (2.13): Bogenform.
Dreisitz (1.10): dreiteiliges Gestühl zum Ausruhen für den Priester und seine zwei Diakone.
Dreiviertelstab (3.01): stabförmiges Zierglied.
Drillingsbogen (2.13): Bogenform.
Drillingsspitzbogen (2.13): Bogenform.
Durchbohrte Raute (3.09): Heroldsbild.
Durchbohrter fünfstrahliger Stern (3.06): Wappenbild.
Durchbrochenes Kreuz (3.09): Heroldsbild.

Early English: Westminster Abbey, Nordteil des Querschiffs, London, 1260

Early English (siehe Zeittafel): erste Phase der englischen Gotik, die vom späten 12. bis zum späten 13. Jahrhundert andauerte. Obgleich französischen Ursprungs, ist dieser Architekturstil in seinen Grund- und Aufrissen und in der Dekoration von Anfang an spezifisch englisch.
Eber steigend (3.05): Wappentier.
Eberkopf (3.05): Schildfigur.
Echal: Schrein für Gesetzesrollen in einer Synagoge.
Echinus (1.03): wulstartiger Teil des dorischen Kapitells.
Eckpilaster: an einer Ecke angebrachter Pilater mit zwei Ansichtsflächen.
Ecksporn: blattartige Verzierung an den Ecken einer Säulenbasis als Überleitung zwischen quadratischer Plinthe und rundem Säulenschaft.
Eckstiel (2.10): Teil des Fachwerkbaus.
Eckturm (1.07): Turm an den Eckpunkten einer Verteidigungslinie.
Edeltanne: in Europa verbreitetes Holz im Fußbodenbau und Tischlerhandwerk.
Eiche: beliebtes im Bauwesen verwendetes Hartholz.
Eiche wachsend (3.05): Schildfigur.
Eierstab: siehe Astragal.
Einfassung: siehe Bord.
Eingerolltes Ankerkreuz (3.06): Wappenbild.
Einhüftiger Bogen: siehe Steigender Bogen.
Einläufige Treppe (2.11): Treppenform.
Einziehung (3.01): Gesimsform.
Eisenbeton: siehe Stahlbeton.

Elisbethanische Architektur: Hardwick Hall, Derbyshire, 1597

Elisabethanische Architektur (siehe Zeittafel): englischer Architekturstil der Frührenaissance unter der Regierung von Elizabeth I. (1558–1603) und kurz danach; siehe Tudorstil.
Elliptischer Bogen (2.13): Bogenform.
Emanuel-Stil (siehe Zeittafel): portugiesischer Architekturstil während der Regierungszeit von König Emanuel dem Glücklichen (1495–1521) und kurz danach; Höhepunkt der Spätgotik.
Empire (siehe Zeittafel): unter Napoleon I. entwickelter Stil, der sich über ganz Europa verbreitete.
Empore (1.09): galerie-ähnlicher Aufbau, der sich gegen einen Hauptinnenraum öffnet.

Emanuel-Stift: Fenster der Christusritter-Burg, Tomar, nach 1500

Endspitzkreuz (3.06): Wappenbild.
Englischer Binder (2.09): Form des Dachgebindes.
Englischer Verband (2.03): Backsteinverband.
Engsäulig: siehe Pyknostylos.
Enneastylos (1.03): neunsäulige Ansichtsfront.
Entasis (1.03): leichte Schwellung des griechischen Säulenschaftes.
Entlastungsbogen: Bogen innerhalb des Mauerwerks, der eine oder mehrere Öffnungen überspannt und deren Abdeckung entlastet.
Entresol: siehe Mezzanin.
Ephebeum (1.02): Sporthalle der antiken Thermen.
Epistyl: Architrav eines Tempels.
Erhabener Rand (3.02): Gesimsform.
Erker: durchfensterter Vorbau an Gebäuden, in höheren Geschossen frei vorkragend.

Empire: Portikus der Deputiertenkammer, Paris, 1807 von Poyet

Erkerfenster: Fenster eines Erkers.
Erle: Bauholz.
Erminoys (3.07): Goldhermelin; Schildmuster.
Escartelly (3.08): Wappenbild.
Esche: helles Hartholz, das als Furnier, aber nicht als Bauholz verwendet wird.

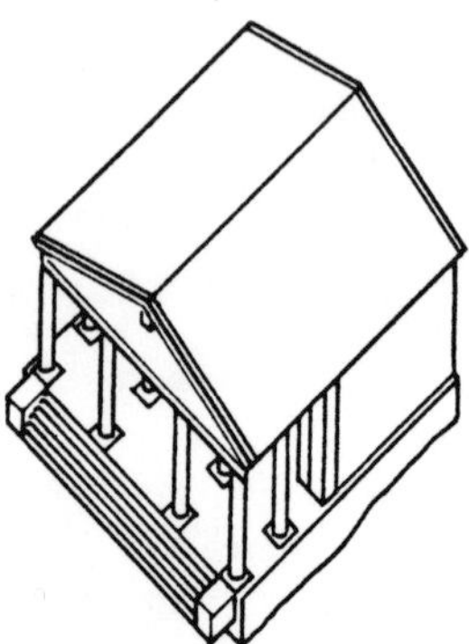

Etruskische Architektur: Apollotempel, Veii, Etrurien, 6. Jahrhundert v. Chr.

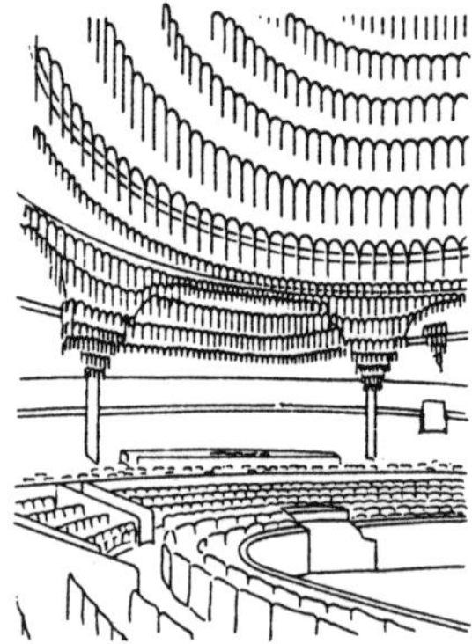

Expressionismus: Großes Schauspielhaus, Berlin, 1919 von Poelzig

Eselsrücken (2.13): Bogenform.
Eskarpe (1.07): innere Grabenwand.
Estipite: sich nach unten verjüngender Pilaster.
Estrade: erhöhter Teil des Fußbodens in einem Raum zur Aufnahme eines Sitzes für das Familienoberhaput oder einen Würdenträger.
Etruskische Architektur (siehe Zeittafel): Baustil der Vorgänger der Römer in Italien. Nur etruskische Stadtmauern und reich verzierte Gruften stehen heute noch.
Eustylos (1.05): Säulenstellung, bei der das Interkolumnium das 2½fache des unteren Säulendurchmessers beträgt, schönsäulig.
Exedra: (a) Unterhaltungsraum im römischen Wohnhaus (1.01); (b) halbrunde Sitznische als Erweiterung öffentlicher Gebäude (1.02).
Expressionismus (siehe Zeittafel): europäischer Architekturstil im ersten Viertel des 20. Jahrhunderts, der Gebäude nicht als rein funktional, sondern auch als Skulpturen mit eigenständigem Charakter auffaßte, vertreten durch Gaudí in Spanien, Klint in Dänemark, Poelzig und Mendelsohn in Deutschland.
Fächergewölbe (2.07): spezfisch englische spätgotische Gewölbeform.
Fachwerk: Skelettbau, bei dem das tragende Gerüst zumeist aus Holzbalken besteht.
Fachwerkhaus: Haus in Fachwerkbauweise.
Fallendes Karnies (3.02): S-förmig geschwungene Leiste.
Fallgatter (1.07): Eisengitter, das zum Schutz von Burgtoren an Ketten herabgelassen werden konnte.
Fallrohr (2.08): senkrecht verlaufendes Rohr zur Entwässerung des Daches.
Falltür (1.15): waagerechte, das Treppenloch abschließende Boden- oder Kellertür.
Falscher Mäander (3.03): Ornament.
Faltdach (1.08): Form des Turmdaches.
Faltfenster (2.15): Fensterform.
Falttür (2.17): Türform.
Faltwerk (3.03): Bauglied aus gefalteten Elementen.
Falz (2.16): Verbindungsform zweier Elemente.
Fase (3.01): durch Abfasen einer Kante entstandene schräge Fläche.
Fassade (1.03): die Hauptansichtsseite eines Gebäudes.
Fauces (1.01): schmaler Flur im römischen Wohnhaus.
Feder (3.01): Vorspringendes Profil.
Feh (3.07): Schildmuster.
Feldsteinmauerwerk (2.01): aus Feldsteinen zusammengesetztes, unregelmäßiges Mauerwerk.
Fenster (1.11, 2.14, 2.15): Maueröffnung zur Beleuchtung und Belüftung von Innenräumen.
Fensterbank (2.14): untere Begrenzung des Fensters.
Fensterbrett: innere Abdeckung einer Fensterbrüstung.
Fensterbucht: siehe Fenstererker.
Fenstererker (2.14): Erker, der nur in der Höhe des Fensters, nicht des gesamten Stockwerks vorspringt.
Fensterladen (2.14): äußere, zumeist aus Holzlamellen gefertigte Fensterverschlüsse.
Fensterrahmen (2.10, 2.14): fest mit der Mauer verbundener Teil des Fensters, an dem die Fensterflügel befestigt sind.
Fensterraute (3.09): Heroldsbild.
Fensterrose (1.11): Rundfenster mit radial verlaufender Maßwerkfüllung.

Feston: auf einem Teppich

Fenstertür (2.17): Türform.
Fensterwerk: die gesamte Fensteranlage eines Gebäudes.
Fersenstelle (3.07): Teil des Wappenschilds.
Fertigbauweise: siehe Präfabrikation.
Feston (3.04): girlandenförmiges Dekorationsmotiv aus Früchten, Laub und Blumen.
Fiale (1.08): architektonische Zierform der Gotik; spitze Pyramide als Bekrönung von Strebepfeilern und anderen Bauteilen einer Kirche.
Fichte: leichtes, vielseitig verwendbares Bauholz.
First (2.05): die obere, meist waagerechte Schnittlinie zweier geneigter Dachflächen.
Firstbalken (2.10): oberes firstparalleles Holz im Dachstuhl.
Firstbekrönung (2.08): auf dem Dachfirst entlanglaufende Verzierung.
Firstlaterne (2.05): Dachanhebung; Dachform.
Firstpfette (2.09): oberstes firstparalleles Holz eines Pfettendachs.
Firstsäule (2.09): der die Firstpfette stützende Pfosten.
Firstziegel (2.09): Hohlziegel zum Abdecken des Dachfirstes.
Fisch steigend (3.05): Wappentier.
Fischblase (1.11): Ornamentmotiv des spätgotischen Maßwerks.
Fischer, Johann Michael (1692–1766): süddeutscher Rokoko-Architekt, der 22 Klöster und 32 Kirchen baute, alle reich dekoriert, viele monumental und räumlich subtil gestaltet.
Fischer von Erlach, Johann Bernhard (1656–1723): österreichischer Barockarchitekt, der zum Baumeister des Kaiserhofs aufstieg (1704). Seine Salzburger Kirchen und die Schlösser in Prag und Wien sind eindrucksvolle Wahrzeichen des prunkvollen, aber harmonischen Barockstils, den er entwickelte. Am bekanntesten sind Schloß Schönbrunn (1696–1711), die Karlskirche (begonnen 1716) und die Hofbibliothek (1723, vollendet von seinem Sohn Joseph). Sein *Entwurf einer historischen Architektur* enthielt die erste Analyse der chinesischen und ägyptischen Baukunst.

Flamboyant: Westfassade der Kirche St. Maclou, Rouen, 1514

Fischgrat (3.04): Dekorationsmotiv.
Fischgrätenparkett (2.10): Form des Parkettfußbodens.
Fischgrätenverband (2.03): Backsteinverband.
Flachbogen (2.13): Bogenform.
Flachdach (2.05): Dachform.
Flächenmäander (3.03): Ornament.
Flamboyant (siehe Zeittafel): französischer Stil der Spätgotik, gekennzeichnet durch stark geschweiftes Maßwerk.
Flämischer Verband (2.03): Backsteinverband.
Flamme (1.11): Maßwerkform, in die Länge gezogene Fischblase.
Flechtband (3.04): Dekorationsmotiv aus einem oder mehreren miteinander verschlungenen Streifen, Guilloche.
Flechtgitter (3.09): Heroldsbild.
Flechtparkett (2.10): Form des Parkettfußbodens.
Fledermausgaube (2.14): Form des Dachfensters.
Fleur de lis (3.06): heraldische Lilie; Wappenbild.
Fleuron: Blumenornament.
Fliegentür (2.17): Türform.
Fliese: dünne, viereckige Platte zum Bekleiden von Wände oder Fußböden.
Florentiner Bogen (2.13): Bogenform.
Flowing tracery (1.11): fließenes Maßwerk des Decorated style.
Flügelfenster (2.15): Fensterform.
Flur (1.13, 1.15): einzelne Räume verbindender Gang oder Korridor.

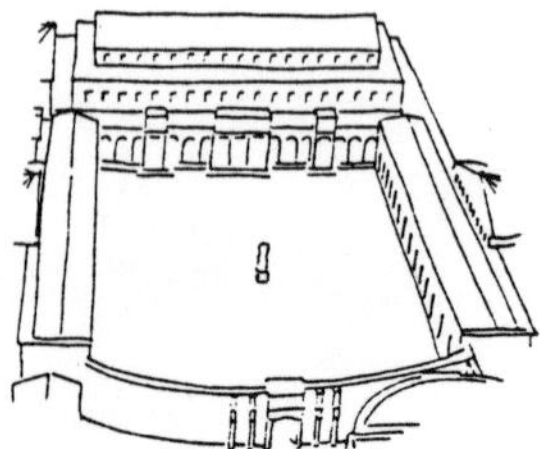
Forum: Trajansforum, Rom, 117 n. Chr. von Apollodorus von Damaskus

Fries: Triple Archway, Hyde Park Corner, London, ca. 1825 von Decimus Burton

Frühchristliche Architektur: Mausoleum der Constantia (S. Costanza), Rom, 330 n. Chr.

Folly: künstliche Ruine oder sonstige phantastische Architektur als Blickfang in einem englischen Landschaftsgarten.

Fontana, Carlo (1638–1714): in Rom ansässiger Architekt, der zehn Jahre lang unter Bernini arbeitete und Schüler in ganz Europa hatte, darunter Pöppelmann (Deutschland), Gibbs (England), Fischer von Erlach und Hildebrandt (Österreich).

Forum: von öffentlichen Gebäuden umgebener Marktplatz der römischen Stadt.

Foster, Sir Norman (geb. 1935): zeitgenössischer britischer Architekt, der im sogenannten High-Tech-Stil arbeitet und Bauwerke etwa in East Anglia und Hongkong entworfen hat.

Französischer Binder (2.09): Form des Dachgebindes.

Französisches Fenster: siehe Fenstertür.

Freitragend: in der modernen Architektur ein vorspringender Bauteil, z. B. ein Balkon, der nicht durch Streben, Säulen o. Ä. gestützt wird.

Freiviertel (3.09): Heroldsbild.

Friedhof: Gräberfeld; im Christentum gewöhnlich in der Nachbarschaft einer Kirche.

Fries (1.03, 1.05, 1.12, 3.03, 3.04): waagerechter, glatter oder ornamentierter Streifen zur Abgrenzung oder Teilung von Baugliedern.

Frigidarium (1.02): Raum für kalte Bäder in den römischen Thermen.

Frontalperspektive (3.10): bestimmte Form der zeichnerischen Darstellung eines Objekts.

Froschperspektive (3.10): bestimmte Form der zeichnerischen Darstellung eines Objekts.

Frühchristliche Architektur (siehe Zeittafel): christliche Bauwerke gab es seit dem 3. Jahrhundert, insbesondere Versammlungshäuser, Katakomben und Martyrien. Nach der Bekehrung von Kaiser Konstantin wurde der Plan der römischen Basilika für die Kirchenarchitektur übernommen, bis sich der byzantinische Zentralbau herausbildete.

Frühstückstheke (1.15): in modernen Wohnhäusern eine hohe Theke, an der zwanglose Imbisse eingenommen werden.

Fuge: der gewöhnlich mit Mörtel gefüllte Raum zwischen zwei Ziegeln oder Steinen.

Fugenausfüllung: das Binde- oder Dichtungsmittel zum Ausfüllen einer Fuge.

Füllungstür (2.17): Türform.

Fünfblatt: (a) Figur des gotischen Maßwerks; (b) Wappenbild (3.06).

Fünfpaß (1.11): Figur des gotischen Maßwerks.

Fünfstrahliger Stern (3.06): Wappenbild.

Funktionalismus (siehe Zeittafel): eine Bauweise, bei der die funktionalen Aspekte eines Gebäudes betont werden und Dekoration, Symbolik oder offensichtliche ästhetische Erwägungen keine Rolle spielen. Sie manifestiert sich in einem Stil, der den praktischen Zweck des Bauwerks und nicht abstrakte ästhetische Überlegungen widerspiegelt (Abbildung S. 63).

Fußbalken (2.10): Teil einer Holzkonstruktion.

Fußpfette (2.09): Teil einer Dachkonstruktion.

Fußreihe (3.07): Teil des Wappenschilds.

Fußspitz-Tatzenkreuz (3.09): Heroldsbild.

Gabelkreuz (3.06): Wappenbild.

Gabriel, Ange-Jacques (1698–1782): französischer Architekt des Klassizismus, der 1742 Hofbaumeister von Louis XV. und Madame de Pompadour wurde. Seine Bauten von raffinierter Eleganz, bei denen er die Exzesse des Rokoko vermied, waren geprägt von gutem Geschmack und

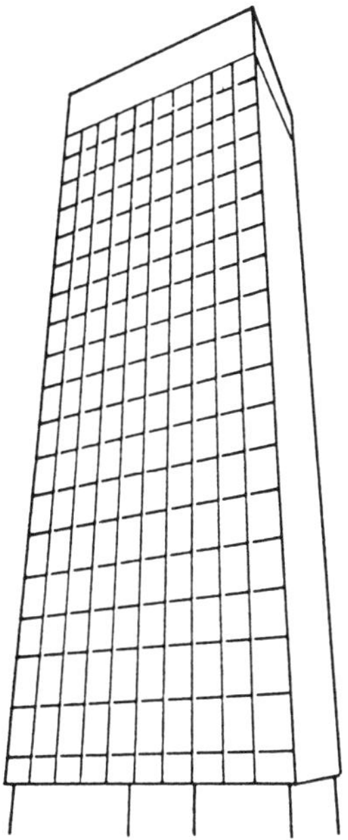
Funktionalismus: Seagram Building, New York, 1958 von Mies van der Rohe und Johnson

schönen Proportionen. Zu seinen Meisterwerken gehören das Petit Trianon in Versailles (1762–68) und die Place de la Concorde in Paris (1755).
Galerie: langer, gedeckter, seitlich offener Gang.
Galiläa (1.09): Vorhalle oder Vorhof einer Basilika, wo sich die Heiden (Galiläer) aufhalten durften, auch Narthex oder Paradies.
Garage (1.15): Raum oder separtes Gebäude zur Unterbringung von Kraftfahrzeugen.
Garbe (3.05): Schildfigur.
Garnier, Tony (1869–1948): französischer Architekt und Visionär der frühen Moderne; entwarf eine Cité Industrielle, in der sich ein neuer stadtplanerischer Ansatz ankündigte. In Lyon baute er ein Schlachthaus und ein Stadion (1909–16), mit denen er seine Vorliebe für Stahlbeton und freitragende Konstruktionen demonstrierte.
Gästehaus: Einrichtung in einem Kloster zur Unterbringung von Besuchern.
Gaudí, Antoni y Cornet (1852–1926): katalanischer Architekt; in Bau und Design berühmtester und extremster Vertreter des Jugendstils und des Expressionismus. Sein bekanntestes Werk, die Kirche der Heiligen Familie in Barcelona, wurde 1883 begonnen und blieb bis heute unvollendet – teilweise aufgrund der Unmöglichkeit, eine nahezu barocke und extrem dreidimensionale Gestaltung mit den Realitäten der Architektur zu vereinbaren.
Gebälk: (a) Gesamtheit der Balken einer Decken- oder Dachkonstruktion; (b) der aus Architrav, Fries und Gesims bestehende Teil einer antiken Säulenordnung (1.03).
Gebälkarchitektur: siehe Architravbau.
Gebrochene Treppe (2.11): Treppenform.
Gebündelte Rundstäbe (3.02): Zierform.
Gebustes Gewölbe (2.07): Gewölbeform.
Gedeckter Wehrgang (1.07): Schützengraben, der sich rings um die Außenseite des Hauptwehrgrabens zieht.
Gedenkplatte (1.10): Erinnerungsmal für Verstorbene.
Gedrehtes Tau: siehe Taustab.
Gedrückte Spitze (3.08): Schildteilung.
Gedrückter Korbbogen (2.13): Bogenform.
Gedrückter Spitzbogen (2.13): Bogenform.
Gedrückter Tudorbogen (2.13): Bogenform.
Gefalzte Verschalung (2.04): Schalungstechnik.
Geflügelter Drache (3.05): Wappentier.
Geflutete Scheibe (3.09): Heroldsbild.
Gefüllte Rose (3.05): Schildfigur.
Gefußter Rundbogen (2.13): Bogenform.
Gegenfeh (3.07): Schildmuster.
Gegenkrückenfeh (3.07): Schildmuster.
Gegenläufige Treppe (2.11): Treppenform.
Gehrung (2.16): Verbindungsform zweier Elemente.
Geison: Kranzgesims der dorischen Ordnung.
Gekehlte Säule (1.06): Säulenform.
Gekragter Bogen: siehe Kragbogen.
Gekreuzte Kehlbalken: siehe Scherenjoch.
Gekrümmte Treppe (2.11): Treppenform.
Gekuppelte Säule (1.06): Säulenform.
Geländer: siehe Balustrade.
Geometrical tracery (1.11): geometrisches Maßwerk; gotisches Maßwerk der Early-English-Periode.

Georgian style: Stoneleigh Abbey, Warwickshire, England, 1726 von Francis Smith

Georgian style (siehe Zeittafel): grob festgelegte Phase (mit vielen Unterteilungen) der englischen Architektur und Spätrenaissance während der Regierungszeit der vier Georges (1714–1830).
Gequert und geschrägt (3.08): Schildteilung.
Gerautet (3.08): Schildteilung.
Gerippebau: siehe Skelettbau.
Gesäumtes Kreuz (3.06): Wappenbild.
Geschacht (3.08): Schildteilung.
Geschoß: die durch Decken begrenzte Hauptebene eines Gebäudes.
Geschrägter Schrägbalken (3.08): Schildteilung.
Geschweifter Knickgiebel (2.08): Giebelform.
Geschwungene Kehlung (3.02): Profil.
Gesims (1.05, 1.12, 2.08, 2.10, 3.10, 3.02): horizontales Bauelement zur Gliederung einer Wand.
Gespalten (3.08): Schildteilung.
Gespalten und gequert (3.08): Schildteilung.
Gespalten und halbgeteilt (3.08): Schildteilung.
Gesparrt (3.08): Schildteilung.
Geständert (3.08): Schildteilung.
Gestelzter Halbkreisbogen (2.13): Bogenform.
Geteilt (3.08): Schildteilung.
Geteilt und halbgespalten (3.08): Schildteilung.
Geviert (3.08): Schildteilung.
Geweckt (3.08): Schildteilung.
Gewölbe (2.07): gekrümmter oberer Abschluß eines Raums.
Gewölbekappe: eines der vier Teilstücke des Kreuzgewölbes.
Gewölbezwickel (2.07): Element zur Überleitung zwischen Unterbau und Fußkreis eines Gewölbes.
Gewundene Trepe (2.11): Treppenform.
Gibbs, Jams (1682–1754): schottischer Architekt, der in Rom studierte und zum Meister des italienischen Manierismus und Barock wurde. Sein berühmtestes Bauwerk ist die Kirche St. Martin's-in-the-Fields in London (1722–26), sein originellstes das Radcliff-Camera-Theater in Oxford (1737–49); sein *Book of Architecture* (1728) gab eventuell den Anstoß für das Weiße Haus in Washington.
Giebel (2.05, 2.08): der Dachform entsprechender Abschluß eines Satteldaches.
Giebeldach (2.05): Dachform.
Giebelförmiger Aufsatz (2.05): Dachteil.
Giebelfußstein (1.12): Stein an der Aufstandslinie eines Giebels.
Giebelgaube (2.14): Form des Dachfensters.
Giebelständer (2.10): Teil eines Fachwerkbaus.
Gilly, Friedrich (1772–1800): früh verstorbener preußischer Architekt, dessen höchst originelle, kühne und funktionale Anwendung des Klassizismus ihn zu einem Vorreiter der modernen Baukunst machte.
Girlande: siehe Feston.
Gitter: häufig ornamentiertes Gebilde aus Metallstäben als Schutz- oder Teilungsvorrichtung.
Gitterfenster (2.15): Fensterform.
Gittermauerwerk (2.01): Mauerwerk aus zwei kontrastierenden Materialien, etwa Natur- und Backstein, so daß sich ein Schachbretteffekt ergibt.
Gitterträger (2.09): Form des Dachgebindes.
Giulio, Romano (1492/9–1546): römischer Maler und Architekt des Manierismus, der seine berühmtesten Arbeiten am Hofe von Federigo Gonzaga in Mantua hinterließ, vor allem im Palazzo de Tè (1525/6–31).

Gothic Revival: Rathaus von Manchester, England, 1877 von Alfred Waterhouse

Glacis (1.07): aufgeschüttetes, leicht abfallendes Gelände vor einer Festungsanlage.

Glasmalerei: aus farbigen Glasstücken zusammengesetzte Bildkomposition in den Fenstern von mittelalterlichen und modernen Kirchen. Die ältesten heute erhaltenen Beispiele sind fünf Fenster im Dom von Augsburg, datiert auf ca. 1125.

Glastür (2.17): Türform.

Gleichseitiger Spitzbogen (2.13): Bogenform.

Gotik: Notre Dame, Paris, 1325

Glocke: hohles Musikinstrument aus Metall, das beim Anschlagen klingt und insbesondere im Christentum Verwendung findet, wo es zum Gebet ruft.

Glockenstuhl (1.08): Gerüst, an dem die Glocken, zumeist in einem Turm, aufgehängt sind.

Godronierung (3.03): Ornament.

Gold (3.07): heraldische Tinktur.

Goldener Schnitt: von den Griechen entwickelte harmonische Teilung einer Strecke, die von der italienischen Renaissance und später von Le Corbusier übernommen wurde.

Goldpfennige (3.08): Siehe Besant.

Gothic Revival: Siehe Neugotik (Abbildung S. 64).

Grab: hellenistisches Grabmal in Dougga, Tunesien

Gotik (siehe Zeittafel): vorherrschender europäischer Architekturstil vom 12. bis zum 15. Jahrhundert, charakterisiert durch die Verwendung des Spitzbogens, des Rippengewölbes und des Schwibbogens. Am bemerkenswertesten sind seine Kirchen, in denen das Streben der Religion nach Erhöhung und Erleuchtung durch Stützen- und Gliederbau, vergrößerte Fensterflächen und Gewölbe sowie die Verschiebung des Gewichts nach außen und unten durch Strebewerk und Rippen zum Ausdruck kam.

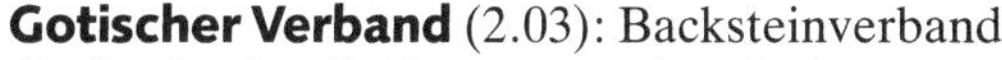

Gotischer Verband (2.03): Backsteinverband.

Grab: Ort für die Bestattung eines Leichnams.

Graben (1.07): in die Erde gegrabene Rinne zu Bewässerungs- oder Verteidigungszwecken.

Grabendach (2.05): Dachform.

Greek Revival: Britisches Museum, London, 1847 von Sir Robert Smirke

Grat: (a)die Schnittkante zweier Gewölbe (2.07); die Schnittkante zwischen zwei Dachflächen mit ausspringendem Winkel.

Gratformwerk: Verzierung eines Walmdaches.

Gratsparren: der den Grat eines Walmdaches stützende Sparren.

Gratziegel (2.08): Ziegel, mit dem die Grate eines Daches gedeckt sind.

Greek Revival (siehe Zeittafel): spezifischer Beitrag der griechischen Antike, die erst um 1750 in Europa bekannt wurde, zur klassizistischen und neuklassizistischen Architektur. Sie inspirierte Ledoux, Soane und eine Unzahl viktorianischer Baumeister. Wo es am gelungsten war, verkörperte das Greek Revival die Reinheit und Schlichtheit von Struktur und Form.

Greif (3.05): Wappentier.

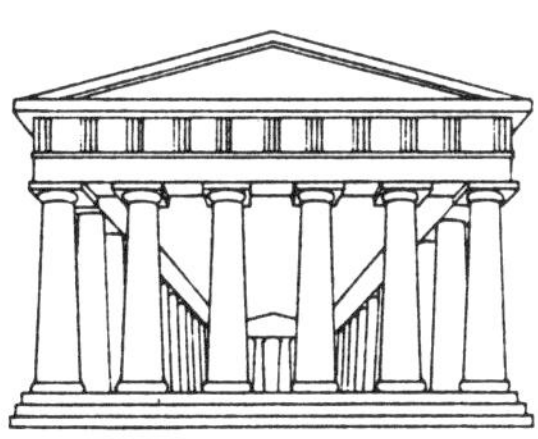

Griechische Architektur: unvollendeter Tempel von Segesta, Sizilien, ca. 416 v. Chr.

Griechische Architektur: die klassische Periode der griechischen Architektur dauerte vom 7. bis zum 4. Jahrhundert v. Chr. Ihren Höhepunkt erreichte sie mit dem Parthenon von Athen (ca. 449–444 v. Chr.), der mit seinen strengen Proportionen und der Architravbauweise bis in die Gegenwart hinein Maßstäbe setzte.

Griechisches Kreuz: (a) Grundrißfigur zahlreicher Zentralbauten; (b) Wappenbild (3.06).

Gropius, Walter (1883–1969): deutscher Architekt, der nach seiner Ausbildung bei Peter Behrens durch die Gründung des Bauhauses und sein Nachkriegswerk in Harvard in den USA zum Aushängeschild des Internationalen Stils wurde.

Groteske: Kathedrale von Worcester, England

Groteske: aus exotischen Pflanzen und Tieren gebildetes Ornament, aus der römischen Antike stammend, wo es in feuchten, unterirdischen Bauwerken Verwendung fand.
Gruft: siehe Grab.
Grün (3.07): heraldische Tinktur.
Guarini,Guarino (1624–83): führender italienischer Barockarchitekt und Mathematiker, dessen heute noch erhaltene Bauwerke sich alle in Turin befinden, z. B. die Capella della S. Sindone (1667–90).
Guilloche: siehe Flechtband.
Gurt (2.07): quer zur Längsachse des Gewölbes verlaufender Verstärkungsbogen.
Gurtgesims (1.12): Gesims in Stockwerkshöhe an einer Außenwand.
Gurtholz (2.10): Teil eines Fachwerkbaus.
Gußerker: nach unten offener Erker an der Außenseite einer Wehrmauer zum Hinabgießen von heißem Pech, Öl o. Ä.
Gußmauerwerk: künstliches Mauerwerk, das zwischen Schalungen oder zwei gemauerte Wände gegossen wird.
Gutshaus: geräumiges, manchmal schloßartiges Haus auf dem Lande oder in einem Dorf, Mittelpunkt eines Gutes.
Gutta/Guttae (1.05, 3.03): tropfenförmiges Ornament; ursprünglich Teil des dorischen Gebälks.
Gymnasion: Sportschule für griechische Knaben der Antike.
Hagioskop (1.10): Maueröffnung in einer mittelalterlichen Kirche, durch die der ansonsten verdeckte Altar zu sehen ist.
Hakenkreuz (3.06): Wappenbild.
Halbe Spundung (2.04): Schalungstechnik.
Halbkreisbogen (2.13): Bogenform.
Halbmond (3.06): Wappenbild.
Halbrundstab (3.01): Profilglied.
Halbsäule: aus einer Wand oder einem Pfeiler halb hervortretende Säule.
Halle: großer, meist öffentlicher Bau oder Raum.
Halsgraben (1.07): Schutzgraben vor der Ringmauer einer Burg.
Halsring: Ring am oberen Ende des Säulenschaftes bei der tuskischen Ordnung.
Handlauf (2.11): Griffleiste eines Treppengeländers.
Hängesäule (2.09): Teil eines Dachstuhls.
Hängetür (2.17): Türform.
Hängewerk (2.09): Dachkonstruktion.
Hängezapfen: siehe Abhängling.
Hardouin-Mansart, Jules (1646–1708): sehr erfolgreicher französisher Barockbaumeister am Hofe Louis XIV. Ab 1678 wurde ihm die Gestaltung von Versailles übertragen. Zu seinen Pariser Schöpfungen gehören die Place Vendôme (1698) und der Invalidendom (1680–91).
Harmonielehre: aus der griechischen Antike stammendes Prinzip, das in der Renaissance vor allem von Alberti und Palladio wieder aufgenommen wurde und Relationen musikalischer Intervalle auf Maßverhältnisse der Architektur überträgt.
Harmonikatür (2.17): Türform.
Hartholz: Holz von überwiegend harter Substanz von großblättrigen Laubbäumen.
Haupt: (a) die sichtbare Außenseite eines Bogens; (b) siehe Riese.
Hauptschiff: siehe Mittelschiff.
Hauptschlußstein (2.07): Stein am Hauptknotenpunkt der Rippen eines Gewölbes.
Haustein: allseitig behauener Naturstein.

Hellenismus: Mausoleum (el-Khazna) Petra, Jordanien, 1. Jahrhundert v. Chr.

Hawksmoor, Nicholas (1661–1736): höchst origineller englischer Barockarchitekt der für und mit Wren und Vanbrugh arbeitete. Sein eigenes Genie wird am deutlichsten bei den sechs Londoner Kirchen sichtbar, etwa Christchurch und Spitalfields (1723–39).
Hebefenster (2.15): von Holland nach England importierte, heute in der Bürohausarchitektur allgemein verbreitetes vertikales Schiebefenster.
Heberahmen (2.14): Rahmen des Hebefensters.
Heiliges Grab (1.10): Nachbildung der Grabstätte Christi.
Hellenismus: die an Griechenland orientierte Kultur und Baukunst im 4. bis 1. Jahrhundert v. Chr. in den von Alexander dem Großen eroberten Reichen.
Helm (1.08): Form des Turmdaches.
Heneage-Knoten (3.06): Wappenbild.
Henostylos (1.03): Tempel mit einer Säule an einer Front.
Heptastylos (1.03): Tempel mit sieben Säulen an einer Front.
Heraldischer Adler (3.05): Wappentier.
Herme (2.12): Siehe Terme.
Hexastylos (1.03): Tempel mit sechs Säulen an einer Front.
Hickoryholz: nordamerikanisches Holz, das u. a. zu Werkzeugstielen verarbeitet wird.
Hildebrandt, Johann Lukas von (1668–1745): österreichischer Heeresingenieur und Baumeister des Barock, dessen Schlösser in Wien und Süddeutschland »italienischer« (à la Guarini) waren als die Fischer von Erlachs. Das Belvedere des Prinzen Eugen (1714–24) mit seinen charakteristischen achteckigen und ovalen Räumen und den spektakulären Treppen ist sein Meisterwerk.
Hintermauerung: das Mauerwerk hinter einer vorgeblendeten Schale aus besserem Material.
Hintertür (1.15): Teil des Hauses.
Hirsch hersehend (3.05): Wappentier.
Hirsch schreitend (3.05): Wappentier.
Hirsch springend (3.05): Wappentier.
Hirschkopf (3.05): Schildfigur.
Hochwacht: siehe Scharwachtturm.
Hohlkehle (3.01): konkaves Zierprofil.
Hohlrunde Fuge (2.02): Fugenart.
Hohlwand (1.12): Mauerwerk mit Hohlräumen im Gegensatz zum Vollmauerwerk.
Holborn-Giebel (2.08): Giebelform.
Holländischer Verband (2.03): Backsteinverband.
Holm: siehe Handlauf.
Hôtel: Wohnung eines Landadligen in der französischen Stadt.
Hufeisenbogen (2.13): Bogenform.
Hufeisenrundbogen (2.13): Bogenform.
Hufeisenspitzbogen (2.13): Bogenform.
Hund steigend (3.05): Wappentier.
Hundekopf (3.05): Wappentier.
Hundszahn (3.03): Dekorationsmotiv.
Hurde (1.07): auf ausgekragten Balken liegender Wehrgang.
Hyperbolisch-paraboloides Dach (2.05): Dach in Form einer zweifach gekrümmten Schale.
Hypogäum: unterirdischer Grabbau.
Hypokausten: Fußbodenheizung in römischen Thermen und vornehmen Wohnhäusern.
Hyposkenion (1.02): Unterbühne im griechischen Theater.

Hypostyl: Halle mit zahlreichen Säulen, besonders im alten Ägypten, bei der das Dach direkt auf den Säulen ruht.
Hypotrachelion (1.05): Säulenhals der dorischen Ordnung.
Ikonostase (1.09): in orthodoxen Kirchen die Bildwand zwischen Chor und Gemeinderaum, gleichzeitig Schrank.
Iktinos (aktiv ca. 447–430 v. Chr.): bedeutendster Baumeister im perikleischen Athen und damit einer der Begründer der abendländischen Architektur. Zusammen mit Kallikrates schuf er den Parthenon (447–432 v. Chr.).
Imhotep (aktiv ca. 2630–2611 v. Chr.): erster historisch belegter altägyptischer Baumeister der 3. Dynastie. Errichtete in Sakkara die Stufenpyramide für Pharao Djoser. Wahrscheinlich der einzige Architekt, der je den Status eines Gottes erhielt.

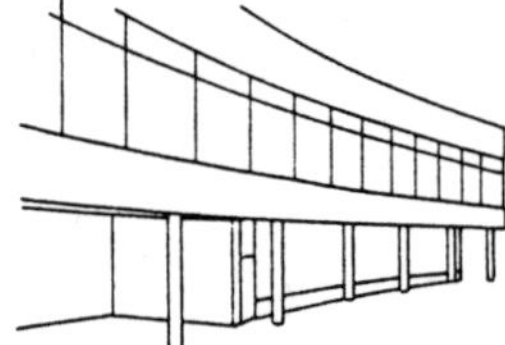
Internationaler Stil: Harvard Graduate Centre, Cambridge/ Mass., 1950 von Gropius

Impluvium (1.01): Becken im Atrium des römischen Wohnhauses, in dem durch eine Öffnung (Compluvium) das Regenwasser aufgefangen wurde.
Inbord (3.09): Heroldsbild.
Innenhof (1.07): Platz im Zentrum einer mittelalterlichen Burg.
Intarsia: Einlegearbeit aus verschiedenfarbigen Hölzern, gebräuchlich in der italienischen Renaissance.
Interkolumnium: Säulenabstand.
Internationaler Stil (siehe Zeittafel): funtionale Architektur des 20. Jahrhunderts, deren Pioniere Frank Lloyd Wright und Walter Gropius waren, ausgehend vom Bauhaus und am einflußreichsten in den 30er Jahren.
Intersected tracery (1.11): Siehe Übersetzung.
Ionische Ordnung (1.04, 1.05): zweitälteste der antiken Säulenordnungen.
Ionisches Kyma (1.05): siehe Kyma.
Isidor von Milet (aktiv 532–7): byzantinischer Baumeister, der zusammen mit Anthemius von Tralles die Hagia Sophia in Konstaninopel errichtete.

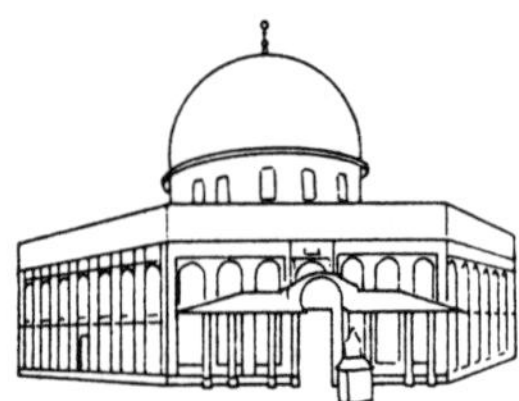
Islamische Architektur: Felsendom, Jerusalem, 691 n. Chr.

Islamische Architektur: in ihrer Frühzeit übernahm die islamische Baukunst vieles vom Christentum. Dies änderte sich mit dem Felsendom von Jerusalem (685–91). Die ersten Minarette entstanden im 8. Jahrhundert. Auf dem Höhepunkt ihrer Entwicklung löste sich die urbane, äußerst dekorative islamische Architektur mit ihren Backsteinbauten, Fayencen und Stuckornamenten immer mehr von Byzanz und vom Helenismus und breitete sich in eigenständigen Formen bis nach Spanien und Westafrika, Zentralasien, Indien und Indonesien aus.
Isometrische Axonometrie (3.10): Art der zeichnerischen Darstellung eines Objekts.

Jacobean style: Charlton House, Kent, 1612 von Adam Newton

Jacobean style (siehe Zeittafel): nach Jacob I. (1603–25) benannter Architekturstil, der die erste exakte Übertragung der italienischen Renaissance in die britische Baukunst darstellte.
Jacobsen, Arne (1902–71): dänischer Architekt des Internationalen Stils (außerdem Möbel- und Schmuckdesigner), der den Rationalismus der 30er Jahre mit einer Präzision und Eleganz umsetzte, wie sie in dänischen Privat- und Rathäusern deutlich zum Ausdruck kommt.
Jakobsmuschel (3.05): Schildfigur.
Jalousie: aufziehbarer Sonnenschutz aus schmalen Lamellen.
Jefferson, Thomas (1743–1826): dritter Präsident der USA und einflußreicher Architekt, weitgehend verantwortlich für die Mischung der Stile von Serlio, Palladio und Gibbs, die in der Baukunst des amerikanischen Klasszismus vorherrschte, vor allem in der neuen Hauptstadt Washington und bei Jeffersons eigenem Haus in Monticello, Virginia.

Jugendstil: Mietshaus Casa Milá, Barcelona, Spanien, 1910 von Gaudí

Jerusalemkreuz (3.06): Wappenbild.
Joch: Gewölbefeld eines Bauwerks in Richtung der Längsachse.
Johnson, Philip Cortelyou (geb. 1906): amerikanischer Architekt, der den Begriff Internationaler Stil prägte und ursprünglich einer seiner berühmtesten Vertreter war, etwa mit dem New York Theater im Lincoln Center (1962–64). Später wurde er zum Mitbegründer der Postmoderne.
Jones, Inigo (1573–1652): englischer Renaissancemaler und -baumeister, der auch Maskenkostüme entwarf. Seine Bauwerke, wie etwa Queen's House in Greenwich (1616–35) und der Bankettsaal von Schloß Whitehall in London (1619–22), waren eine originelle Interpretation des Palladianismus. Jones' Theaterentwürfe ähnelten eher einem exotischen italienischen Barock.

Kaminsims: aus italienischem Marmor, 1758–92 von Adam

Jugendstil: in Europa der vorherrschende Stil der kunstgewerblichen und architektonischen Avantgarde von etwa 1880 bis zum 1. Weltkrieg. Er verwendete geschwungene Formen aus der Natur, später aus der Geometrie, als einen Versuch, die an der Vergangenheit orientierten Bau- und Gestaltungsweisen des Historismus zu vermeiden (Abbildung S. 68).
Jungfernadler (3.05): Schildfigur.
Kabinett: (a) kleiner Nebenraum; (b) kunstvoller Schrank auf Tischgestell mit zahlreichen Schüben und Fächern.
Kaisertreppe (2.11): Treppenform.
Kallikrates (aktiv 449–425 v. Chr.): der größte Architekt des perikleischen Athen und zusammen mit Iktinos Erbauer des Parthenon (447–432 v. Chr.).
Kalotte (2.06): niedrige, aus dem abgeschnittenen oberen Stück einer Halbkugel gebildet Kuppel.
Kalvarienkreuz: s. Stufenkreuz.
Kamin (1.15): offene, architektonisch gerahmte Feuerstelle im Haus.
Kamingewölbeeisen: Eisenstange, die die Ummantelung des Kamins begrenzt und stützt.
Kaminsims: oberer, waagerechter Abschluß des Kamins.
Kammer: kleiner Nebenraum.
Kammschnitt (3.08): heraldische Begrenzungslinie.
Kämpfer: (a) Zone, an der die Krümmung eines Bogens oder Gewölbes beginnt (2.12); (b) Querholz, das ein Fenster unterteilt (1.11, 2.14).

Kanephore: Athen

Kämpferlinie (2.12): Verbindungslinie zwischen den Kämpfern eines Bogens oder Gewölbes.
Kanephore: siehe Karyatide.
Kannelierte Säule (1.06): Säule mit kanneliertem Schaft.
Kannelierter Wulst (3.02): horizontales Zierglied.
Kanneluren (3.03): senkrechte konkave Rillen am Schaft eines Stützgliedes.
Kantenschlag (2.01): Zurichtung der Kanten eines Quadersteins, dessen Sichtfläche bis auf den Rand unbearbeitet bleibt.
Kantprofil (3.01): Siehe Feder.
Kanzel (1.10): erhöhter Standort für den Prediger in einer Kirche.
Kapelle: (a) kleine Kirche ohne Pfarrechte oder Nebenkirche (1.07); (b) Sakralraum für besondere Zwecke (1.09).
Kapellenkranz: radial angeordnete Kapellen an einem Chor oder Chorumgang.
Kapitelhaus (1.09): mit dem Kreuzgang eines Klosters verbundener, sonst freistehender Bau, der als Versammlungssaal der Mönche dient.
Kapitell (1.03, 1.06): ausladendes Kopfstück einer Säule.
Karnies (3.01, 3.02): Leiste mit geschwungenem Profil.
Karolingische Architektur: Baustil, der sich, ausgehend vom Hofe Karls

Karolingische Architektur: Torhaus, Kloster Lorsch, Deutschland, ca. 800

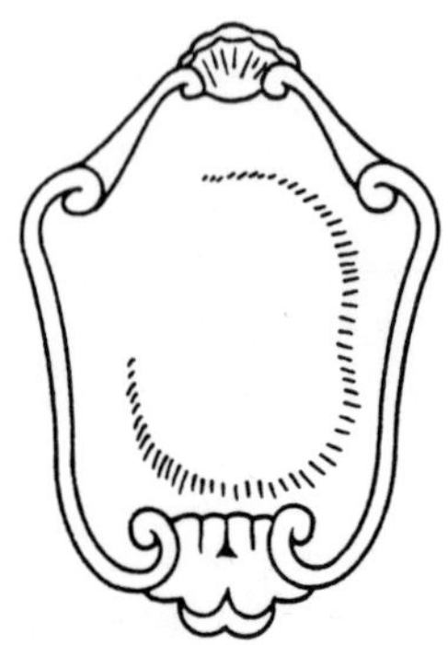
Kartusche: 16. bis 18. Jahrhundert

Kaserne: römische Legionärsfront, nach 12 v. Chr.

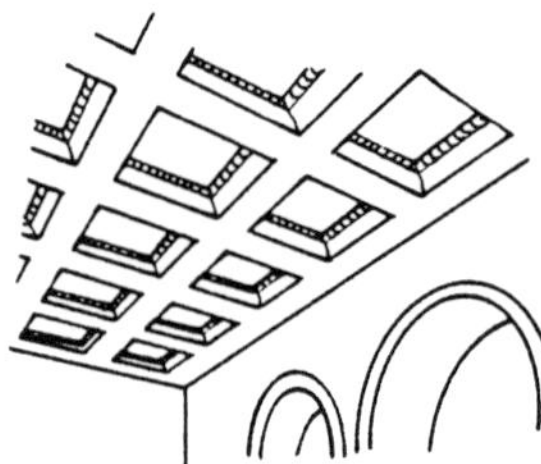
Kassette: Deckengestaltung

Kenotaph: Whitehall, London, 1920 von Luytens

des Großen (768–814), in Frankreich, Deutschland und Holland entwikkelte, einen Versuch, im nördlichen Europa eine römisch-kaiserliche Architektur zu kreieren, widerspiegelte und ein Vorgriff auf die Romanik war.

Kartusche: Zierrahmen aus Roll- oder Knorpelwerk für Wappen, Inschriften u. Ä.

Karyatide (1.06): gebälktragende weibliche Figur, z. B. in der berühmten Korenhalle des Erechtheions in Athen.

Kasematte: gegen Beschuß gesicherte, überwölbte Räume in Festungen.

Kaserne: seit römischer Zeit Gebäudekomplex zur Unterbringung von Soldaten.

Kassette (2.06): vertieftes Feld in einer Decke, einer Bogenlaibung oder einem Gewölbe.

Kastanie: leicht zu verarbeitendes Holz, das Eiche ähnelt und für Zäune und Tore verwendet wird.

Katakombe: unterirdische Grabanlagen, insbesondere in frühchristlicher Zeit außerhalb der Stadtmauern Roms.

Kate: kleines Wohnhaus auf dem Lande; ursprünglich meistens für einen Landarbeiter und seine Familie erbaut.

Kathedrale: größere Kirche und gleichzeitig Bischofssitz.

Kegeldach (2.05): Form des Turmdaches.

Kegelfries (3.03): ornamentierter Fries.

Kehlbalken (2.09): Teil einer Dachkonstruktion.

Kehlbalkendach: Art der Dachkonstruktion.

Kehlbalkengiebel (2.10): Teil einer Dachkonstruktion.

Kehle (2.05): einspringender Winkel, den zwei aneinanderstoßende Dachflächen bilden.

Kehlleiste (2.10): Profilstab zur Betonung oder Erzielung einer plastischen Wirkung.

Kehlrinne (2.08): Rinne in der Dachkehle.

Kehlstoß: siehe Kehlleiste.

Kehlung (3.01): Hohlprofil.

Keilziegel (2.02): Backsteinart.

Keller (1.15): ganz oder teilweise unter dem Erdboden liegender Raum; unterstes Geschoß eines Hauses.

Kenotaph: Grabdenkmal für einen woanders bestatteten Toten.

Kent, William (1685–1748): englischer, klassizistischer Baumeister, Maler, Möbelgestalter und Landschaftsgärtner, der, gefördert von Lord Burlington, seine Kenntnisse über italienisches Barock (er verbrachte 10 Jahre in Rom), Palladio, Vitruv und Inigo Jones kreativ miteinander kombinierte. Sein berühmtestes Bauwerk in Holkham Hall in Norfolk (1734).

Kerbschnitt (3.02): Zierform.

Kette (3.04): Dekorationsmotiv.

Kielbogen: siehe Eselsrücken.

Kielförmiges Profil (3.02): Zierform.

Kiosk: (a) offener Gartenpavillon; (b) Verkaufsstand an der Straße oder innerhalb eines größeren Gebäudes.

Kippfenster (2.15): Fensterform.

Kirche (1.08, 1.09, 1.10): dem Gottesdienst oder der Kultausübung einer christlichen Religionsgemeinschaft dienendes Gebäude.

Kirchengestühl (1.10): hölzerne Sitzplätze für die Mitglieder der Gemeinde.

Klappfenster (2.15): Fensterform.

Klassizismus (siehe Zeittafel): Architektur- und Kunststil, der auf die

Klassizismus: Kapitol, Washington D. C., USA, 1867

römische und griechische Antike zurückgreift und in der Geschichte der abendländischen Kultur, vor allem zwischen Renaissance und 19. Jahrhundert, immer wieder Vorbilder liefert. Seine Rationalität stand im Gegensatz zur Überschwenglichkeit des Rokoko. In ihrer extremsten Form (Soane in Großbritannien, Latrobe in den USA, Sacharow in Rußland und Ledoux in Frankreich) war die klassizistische Architektur von einer nahezu abstrakten Räumlichkeit, es überwogen jedoch sensible, humane Schöpfungen.
Kleeblattbogen (2.13): Bogenform.
Kleeblattkreuz (3.06): Wappenbild.
Klimaanlage: im modernen Bauwesen eine Vorrichtung, mit der unabhängig von den äußeren Gegebenheiten die Lufttemperatur eines Raums gesteuert wird. Vor allem in sehr heißen oder kalten Ländern gebräuchlich.
Klinke: siehe Türdrücker.
Klinker: besonders stark gebrannter und daher widerstandsfähiger Backstein.
Klopfer (1.10): Signalgeber an Türen.
Klosett: Abort.
Kloster: Gebäudekomplex, einschließlich einer Kirche oder Abtei, in dem Mönche oder Nonnen leben.
Klosterdach (2.08): Art der Dachdeckung.
Knagge (1.12): aus der Mauer eines Fachwerkgebäudes vorspringender Tragstein.
Knotenkreuz (3.09): Heroldsfigur.
Kolonnade: Säulenreihe mit Architrav.
Kolossalordnung: Säulen oder Pilaster, die ohne Unterbrechung über mehrere Geschosse reichen.
Kompositordnung (1.04): Säulenordnung mit Kompositkapitell oder aus Teilen verschiedener klassischer Ordnungen zusamengesetzte Ordnung.
Konche: halbrunde Apsis oder deren Halbkuppel.
Konisch: kegelförmig.
Konsole (1.07, 2.09): aus einer Mauer vorspringender Tragstein für Balkone, Figuren, Balken usw.
Kontereskarpe (1.07): äußere Grabenwand.
Konvex gerippter Wulst (3.02): Gesimsform.
Kopffläche (2.02): Teil des Backsteins.
Kopffries (2.16): Teil der Tür.
Kopfstein: (a) siehe Konsole; (b) bossierter Pflasterstein.
Korbbogen (2.13): Bogenform.
Kordongesims: siehe Gurtgesims.
Korinthische Ordnung (1.04, 1.05): drittälteste der antiken Säulenordnungen.
Korinthisches Kapitell (1.06): Kapitell der korinthischen Ordnung.
Korridor: siehe Flur.
Krabbe (1.06, 1.08): Ornament zur Verzierung von gotischen Turmhelmen, Fialen und Wimpergen sowie Kapitellen.
Kragbogen (2.13): aus Kragsteinen gebildeter unechter Bogen.
Kragstein: siehe Konsole.
Kredenztisch: kleiner Tisch neben dem Altar einer Kirche zur Aufnahme von Brot und Wein.
Krempziegel (2.08): Dachdeckungsmaterial.
Krepidoma (1.01): mehrstufiger sichtbarer Teil des Unterbaus des griechischen Tempels.
Kretische und mykenische Architektur: Baukunst der ältesten Zivili-

Kreuzblumen

sation Griechenlands, die im 12. Jahrhundert v. Chr. vernichtet wurde. Hauptsächlich bekannt durch Ausgrabungen in Knossos und Phaestos auf Kreta.
Kreuz: Symbol des Christentums.
Kreuz mit ausgebrochenem Quadrat (3.09): Heroldsbild.
Kreuzblume: stilisierte Blume mit kreuzförmig angeordneten Blättern an der Spitze gotischer Türme, Fialen u. Ä.
Kreuzgang (1.09): um einen Rechteckhof des Klosters angelegter, gedeckter Gang für Kreuzprozessionen.
Kreuzgratgewölbe (2.07): Gewölbeform.
Kreuzquadrat (3.06): Kreuzform.
Kreuzverband (2.03): Backsteinverband.
Kriechblume: siehe Krabbe.
Kröneln: das Bearbeiten einer Steinoberfläche mit dem Kröneleisen.
Krückenfeh (3.07): Schildmuster.
Krückenkreuz (3.06): Wappenbild.
Krückenschnitt (3.08): heraldische Begrenzungslinie.
Krüppelwalmdach (2.05): Dachform.
Kruzifix (1.10): Darstellung Christi am Kreuz.
Krypta: Gruft unter dem Chor einer Kirche.
Kryptoportikus: zu einer Gruft führender unterirdischer oder gedeckter Gang, dessen Wände Öffnungen ins Freie haben.
Küche (1.13, 1.14, 1.15): Raum zum Zubereiten und Garen von Lebensmitteln.
Kugelfries (3.03): ornamentierter Fries.
Kugelstabkreuz (3.06): Wappenbild.
Kultbild (1.01): Gegenstand der Verehrung in einem antiken Tempel.
Kuppel (2.06): Gewölbe oder Dach in Form eines Kugelabschnitts über verschiedenartigen Grundrissen.
Kuppeldach (2.05): Dachform.
Kurtine: die Ringmauer zwischen den Bastionen einer Festung.
Kyma(tion) (1.05, 3.01, 3.02, 3.04): Zierleiste aus stilisierten Blattornamenten an antiken Tempeln.
Lagerhaftes Mischmauerwerk (2.01): Form des Mauerwerks.
Laibung (2.12): innere Mauerfläche des Bogens sowie von Tür- und Fensteröffnungen.
Lamellenfenster (2.15): Fensterform.
Lamellentür (2.17): Türform.
Lang- und Kurzwerk (1.12, 2.01): die Eckquader eines Mauerwerks, die abwechselnd mit der längeren und der kürzeren Seite einbinden.
Langhaus: Teil der Kirche zwischen Fassade und Querhaus bzw. Chor.
Längshalbsteinziegel (2.02): Form des Backsteins.
Lanzettbogen (2.13): Bogenform.
Lanzettfenster (1.11): gotische Fensterform.
Lärche: robustes, harzhaltiges Holz.
Lateinisches Kreuz (3.06): Wappenbild.
Laterne (2.06): lichtdurchlässiger Aufsatz über einer Decken- bzw. Gewölbeöffnung.
Latrina (1.01): Abort des antiken Wohnhauses.
Latrobe, Benjamin Henry (1764–1820): erster amerikanischer Architekt von internationalem Ansehen, in England geboren und dort und in Deutschland ausgebildet. Emigrierte in die USA (1796), wo er sowohl das Greek als auch das Gothic Revival einführte. Am bekanntesten für seine Mitarbeit (1803–17) am Capitol und Weißen Haus in Washington, aber sein Meisterwerk ist die Kathedrale von Baltimore (1805–18).

Lattentür (2.17): Türform.
Laubwerk: siehe Blattwerk.
Laufender Hund (3.04): griechisches Ornament.
Läufer (2.02): der im Mauerverband die Langseite nach außen kehrende Backstein.
Läuferfläche (2.02): Teil des Backsteins.
Laufspirale (3.03, 3.04): Ornament.
Le Corbusier (Charles-Édouard Jeanneret, 1887–1965): in der Schweiz geborener, französischer Architekt, dessen Brillanz, Einfluß und Leistung unerreicht bleiben. Seine frühere Tätigkeit als kubistischer Maler spiegelte sich in den 20er Jahren in schlichten, nahezu würfelförmigen weißen Privathäusern wider. In seiner Beschäftigung mit Stadtplanung und der Massenfertigung von Gebäuden kam deutlich der Rationalismus des Internationalen Stils zum Ausdruck. Seine späteren Arbeiten waren jedoch antirational und skulpturartig, so etwa die Wallfahrtskirche in Ronchamp (1950–54). Siehe Modulor.
Ledoux, Claude-Nicolas (1736–1806): äußerst ideenreicher und origineller französischer Architekt des Klassizismus, für dessen geometrische Schlichtheit und fast expressionistischen Umgang mit Formen das Salzbergwerk in Arc-et-Senans (1775–79) repräsentativ ist. Seine Karriere wurde durch die Französische Revolution zunichte gemacht. Er publizierte danach nur noch Entwürfe, die ihm im 20. Jahrhundert zu größerem Ansehen verhalfen als zu seinen Lebzeiten.
Lehrgerüst: hölzernes Hilfsgerüst zum Bau eines Gewölbes oder Bogens.
Leiter (1.13): meist bewegliches Steiggerät.
Leopardenkopf (3.05): Schildfigur.
Lesbisches Kyma (3.04): aus Wasserlaubblättern und Stäben gebildete Zierleiste.
Lesepult (1.10): Pult in der Kirche zur Aufnahme der Bibel oder eines anderen im Gottesdienst benötigten Buches.
Lettner (1.10): niedrige Trennwand zwischen Mönchschor und Raum der Laienbrüder in Klosterkirchen.
Letze: siehe Wehrgang.
Le Vau, Louis (1612–70): führender Barockbaumeister Frankreichs, der zusammen mit mehreren Künstlern und Dekorateuren in Versailles den Stil des Louis-Quatorze schuf.
Levitenstuhl: siehe Dreisitz.
Lichtgaden (1.08, 1.10): oberer, durch Fenster erhellter Teil des Mittelschiffs einer Basilika.
Lichtsäulig: siehe Aräostylos.
Lichtschacht/Luftschacht: Schacht zur Belichtung und Belüftung von Räumen unter dem Erdboden oder innerhalb eines Gebäudes.
Lichtwange (2.11): Teil einer Treppe.
Lierne (2.07): Gewölberippe 3. Grades, die die Jochecke nicht berührt.
Lilien (3.08): Schildteilung.
Lilienbord (3.09): Heroldsbild.
Lilienfries (3.03): Ornament.
Lilienkreuz (3.06): Wappenbild.
Lilienzepter-Kreuz (3.06): Wappenbild.
Linke Hüftstelle (3.07): Teil des Wappenschilds.
Linke Oberstelle (3.07): Teil des Wappenschilds.
Linke Unterstelle (3.07): Teil des Wappenschilds.
Linker Seitenrand (3.07): Teil des Wappenschilds.
Links angeschlagene Tür (2.16): Form des Türeinbaus.
Links geschrägt (3.08): Schildteilung.

Loggia: Loggia dei Lanzi, Florenz, 1382 von Cione und Francesco

Lisene: schwach vorspringende vertikale Mauerverstärkung, besonders gebräuchlich in der Romanik.
Lissitzky, Eliezer Markowitsch (1890–1941): russischer Architekt, Maler, Designer, Typgraph und Theoretiker des Konstruktivismus. Sein sogenanntes Proun-Konzept beinhaltete die Interaktion zwischen Malerei und Skulptur. Arbeitete von 1922 bis 1931 im Westen und beeinflußte die Gruppe »de Stijl«.
Lochziegel (2.02): perforierter Backstein.
Logeion (1.02): Rednerbühne im antiken Theater.
Loggia: offene Laube oder Säulenhalle eines Bauwerks, verbreitet in der italienischen Renaissance.
Lorbeerstab (3.04): ornamentiertes Zierglied.
Lothringer Kreuz (3.06): Wappenbild.
Lotosfries (3.04): ornamentiertes Zierglied.
Lotosknospenkapitell (1.06): Form des Kapitells.
Lotossäule: ägyptische Säule mit Lotoskapitell.
Löwe hockend (3.05): Wappentier.
Löwe mit Doppelschweif (3.05): Wappentier.
Löwe rückschauend (3.05): Wappentier.
Löwe ruhend (3.05): Wappentier.
Löwe schlafend (3.05): Wappentier.
Löwe schreitend (3.05): Wappentier; **hersehend** (3.05).
Löwe springend hersehend (3.05): Wappentier.
Löwe stehend (3.05): Wappentier; **hersehend** (3.05).
Löwe steigend (3.05): Wappentier.
Löwenhaupt, abgerissenes (3.05): Schildfigur; **hersehend** (3.05).
Löwenpranke stehend (3.05): Schildfigur.
Lufttürmchen (1.08): rittlings auf ein Dach gesetztes, architektonisch ausgebildetes Türmchen zur Be- und Entlüftung.
Lüftungsflügelfenster (2.15): Fensterform.
Lünette: (a) häufig dekoriertes Bogenfeld über Türen oder Fenster; (b) Festungsanlage mit mondsichelförmigem Grundriß; (3.04) Zierform.
Lusthaus: Gartenschloß für den Sommeraufenthalt einer fürstlichen Hofhaltung.
Mäander (3.03): Dekorationsmotiv, nach dem gleichnamigen Fluß in Kleinasien benannt.
Mackintosh, Charles Rennie (1868–1928): führender schottischer Architekt der Glasgower Schule, der in seine Jugendstilentwürfe alle Aspekte von Architektur, Dekoration und Inneneinrichtung integrierte, insbesondere bei der Kunstschule von Glasgow (Bibliotheksflügel, 1907–09).
Mahagoni: allgemeine Bezeichnung für verschiedene Edelhölzer, die im Haus- und Möbelbau Verwendung finden.
Maisonnette-Wohnung: Wohnung in einem Hochhaus, die über mehrere Stockwerke reicht.
Malteserkreuz (3.06): Wappenbild.
Manierismus (siehe Zeittafel): vorherrschender Stil der italienischen und an Italien orientierten Architektur von Michelangelo bis zum Ende des 16. Jahrhunderts. Auf die Perfektion der Hochrenaissance reagierte er entweder mit einer gefühllos-strengen Anwendung klassicher Regeln und Motive oder mit der vorsätzlichen Verspottung der Konventionen – z. B. durch den falschen Gebrauch und das Nebeneinanderstellen verschiedener Formen, Dimensionen und Motive, wie etwa Michelangelo in seiner Medici-Kapelle in Florenz (1520).
Mansardgiebeldach (2.05): Dachform.

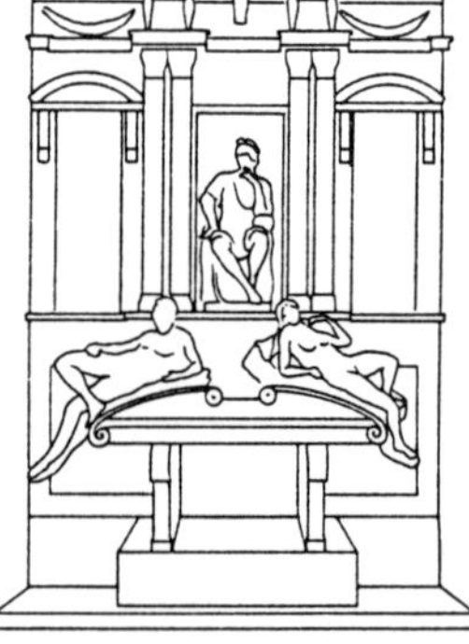
Manierismus: Grabmal des Lorenzo de Medici, Medici-Kapelle, Florenz, 1534 von Michelangelo

Maskaron: antike Maske aus Pompeji

Mausoleum: Mausoleum für König Mausolas, Halikarnassos, Kleinasien, 351 v. Chr. von Pythius und Satyrus

Mansardwalmdach (2.05): Dachform.
Mansart, François (1598–1666): erster großer Baumeister des französischen Klassizismus, der sein Genie schon früh mit dem Orléans-Flügel des Château de Blois (1635–38) demonstrierte. Wegen seiner Sprunghaftigkeit wurden jedoch viele seiner Bauwerke nicht vollendet. Nach ihm benannte man das Mansarddach.
Marienkapelle (1.09): die etwas größer ausgebildete Scheitelkapelle im Kapellenkranz gotischer Kathedralen, manchmal auch als ausgesonderter Bau.
Märkischer Verband (2.03): Backsteinverband.
Martyrium: frühchristliche Gedächtniskirche über einem Märtyrergrab.
Maschikuli (1.07): Ausgußöffnungen für heißes Öl oder Pech zwischen den Konsolen des vorkragenden Wehrganges einer Burg. Löste die früher üblichen Gußerker ab.
Maskaron: Maske als Dekoration.
Maßwerk (1.11): Schmuckform der Gotik, diente zur Unterteilung von Fenstern und anderen Bauteilen.
Mauerkrone (1.12, 2.01): gerade oder abgeschrägte Abdeckung aus Stein oder Ziegeln als oberer Abschuß einer Mauer.
Mauersohle (2.01): Standfläche einer Mauer.
Mauerverband: die Art der regelmäßigen Verbindung natürlicher, insbesondere aber künstlicher Steine (Backsteine).
Mauerwange (2.16): seitliche, meist vorgezogene Einfassung einer Treppe o. Ä.
Mauerwerk (2.01): Gefüge aus natürlichen oder künstlichen Steinen, meistens mit Mörtelbindung.
Maulbeerrot (3.07): braunrote heraldische Tinktur.
Maurerkellenschindel (2.04): Holzschindelart.
Mausoleum: monumentaler Grabbau.
Medaillon: kreisförmiges Schmuckglied mit Flachrelief aus Stuck, Terrakotta o. Ä.
Meerschwein: siehe Delphin.
Melusine (3.05): Schildfigur, Meernixe, halb Weib, halb Fisch.
Mendelsohn, Erich (1887–1953): bahnbrechender deutscher Architekt des Expressionsismus, dessen extrem stromlinienförmige Bauweise sich nur einmal, beim Potsdamer Einsteinturm (1919–20), wirklich durchsetzte. Obgleich immer noch expressionistisch geprägt, waren seine späteren Arbeiten in Deutschland, England, Israel (Krankenhäuser) und den USA durch den Einfluß des Internationalen Stils der 30er Jahre gemildert.
Merlette (3.05): Schildfigur in Gestalt eines verstümmelten Vogels.
Metope (1.03): das Feld zwischen den Triglyphen der dorischen Ordnung.
Metropole: große Stadt im Mittelpunkt ihrer Umgebung; Hauptstadt.
Mews: reihenhausartige Anlage, bestehend aus ehemaligen Stätten und Dienstbotenquartieren, die an einer kopfsteingepflasterten Gasse hinter reichen Bürgerhäusern, hauptsächlich in London, liegt.
Mezzanin: Halb- oder Zwischengeschoß.
Michelangelo Buonarotti (1475–1564): dieser geniale italienische Renaissancebildhauer und -architekt, Maler und Dichter stellte alle klassischen Theorien, Vorurteile, strukturellen Überlegungen und dekorativen Grundsätze der Frührenaissance in Frage. Seine Werke waren eher Skulpturen als Gebäude, indem er Masse, Gewicht und Ornament zu einem organischen und dynamischen Ganzen vereinigte. Hauptsächlich arbeitete er in Florenz, insbesondere an der Medici-Kapelle (1520–34) und der Bibliotheca Laurentiana (1524–26), sowie in Rom, hier vor allem an der

Peterskirche (1546–64). Michelangelo war nicht nur der Begründer der manieristischen Architektur, sondern beeinflußte auch, im Guten wie im Schlechten, fast alle nachfolgenden klassizistischen Stile.

Mies van der Rohe, Ludwig (1886–1969): deutscher Architekt der Moderne, der sich schon früh vom Neuklassizismus ab- und einem ultraexpressionistischen Stil zuwandte. Ab 1930 wurde er dann als Direktor des Bauhauses zu einem Hauptvertreter des Internationalen Stils. Auch als Leiter des Illinois Institute of Technology in Chicago, für das er einen neuen Campus entwarf (1939), war er außerordentlich einflußreich. Seine moderne Bauweise blieb unverändert rational und ist unlösbar mit dem rigiden Purismus der 30er Jahre verbunden.

Motte: normannisch, Britische Inseln, 1066–ca. 1180

Minute: Maßeinheit der Antike, die $\frac{1}{60}$ eines Säulendurchmessers betrug.

Miserikordie (1.10): oft dekorierter Unterbau am Klappsitz eines Chorgestühls, der den stehenden Mönchen als Gesäßstütze diente.

Mittelhöhe (2.16): Teil der Tür.

Mittelpfosten (1.11, 2.14): Teil des Fensters.

Mittelquerfries (2.16): Teil der Tür.

Mittelreihe (3.07): Teil des Wappenschilds.

Mittelschiff (1.09): mittlerer Teil einer mehrschiffigen Kirche, westlich vom Chor gelegen und gewöhnlich Versammlungsraum der Gemeinde.

Mittlere Füllung (2.16): Teil der Tür.

Mozarabischer Stil: Zwillingsfenster der Kirche San Miguel de Escalada, Leon, Spanien, 913

Modillon: (a) kleine Konsole, die in den korinthischen und römischen Säulenordnungen das obere Glied des Gesimses stützt (1.05); (b) meist verzierter Sparrenkopf (2.08).

Modul: Verhältnismaß der Antike, mit dem die Proportionen von Gebäuden und Bauteilen angegeben wurden.

Modulor: 1951 von Le Corbusier entwickelt. Bei seiner *Unité d'habitation* in Marseille schuf er, von der Gestalt eines Mannes ausgehend, eine Proportionsskale für die einzelnen Teile des Bauwerks (eine Methode, die schon Leonardo da Vinci nicht unbekannt war und vom Goldenen Schnitt abgeleitet ist).

Mohnkapselverzierung: geschnitztes Ornament mit Blattwerk und Tieren auf einem Chorstuhl oder Kirchengestühl.

Morris, William (1834–96): englischer Kunsthandwerker, dessen Arts-and-Crafts-Bewegung die Frühzeit der modernen Architektur und Inneneinrichtungen stark beeinflußte. Sein Eintreten für das individuelle Handwerk lieferte ihm die intellektuelle Begründung für die Ablehnung einer sklavischen Imitation der Vergangenheit; daß er aber gleichzeitig Maschinenarbeit und Massenproduktion verwarf, widersprach in mancher Hinsicht seinen sozialen und kulturellen Anliegen.

Mörtel: Bindemittel für einen Stein- oder Ziegelverband; Mischung aus Sand, Zement (bzw. Kalk, Gips oder Lehm) und Wasser.

Mosaik: aus kleinen, bunten Steinen oder aus Glas zusammengesetztes Muster oder Bild, bereits in der Antike als Wand- oder Fußbodenschmuck verwendet.

Mosaikparkett (2.10): Form des Parkettfußbodens.

Motte: mittelalterliche Turmburg aus künstlich aufgeschüttetem Hügel mit Wohnturm, umschlossen durch Palisade und Graben.

Mozarabischer Stil (siehe Zeittafel): christlicher Architekturstil im Spanien des 9. bis 11. Jahrhunderts, der von maurischen und islamischen Bauformen, vor allem dem Hufeisenbogen (2.13), beeinflußt ist.

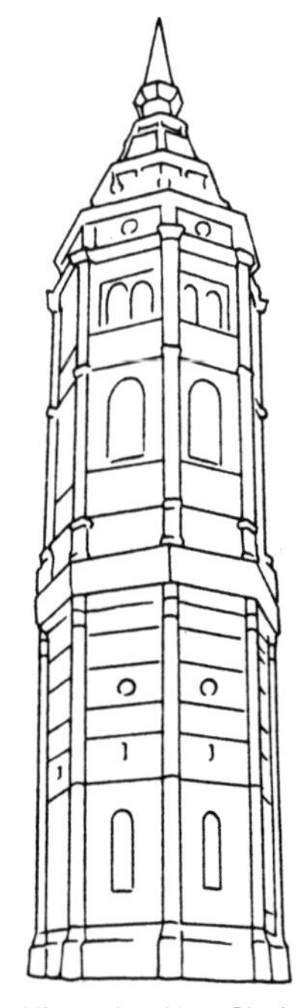

Mudéjar: achteckiger Glockenturm von S. Andres, Calatayud, Aragon, 14. Jahrhundert

Mudéjar (siehe Zeittafel): christlicher Architekturstil in Spanien, der ganz und gar islamisch geprägt war, im Unterschied zum Mozarabischen Stil, welcher nur einzelne Elemente entlehnte.

Mulde (2.02): Teil des Backsteins.

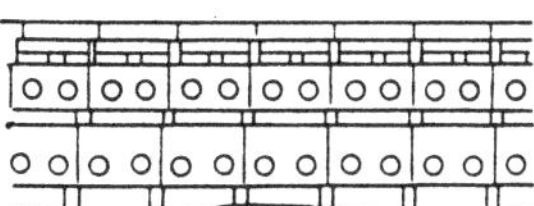

Neustadt: Siedlung Runcorn, Cheshire, 1976 von Stirling

Normannischer Stil: White Tower, Tower of London, ca. 1097 von William I. und II.

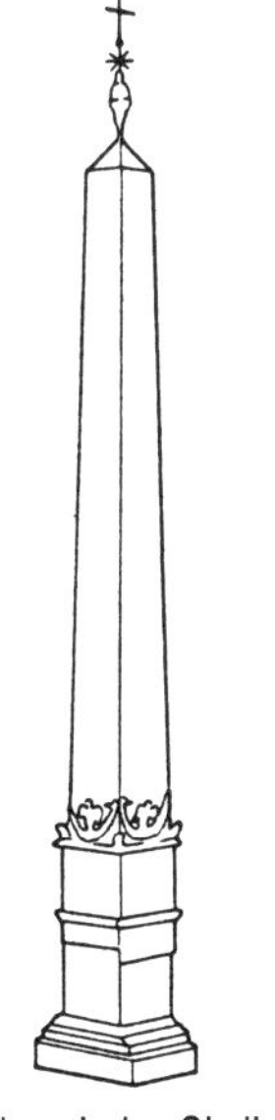

Obelisk: ägyptischer Obelisk auf dem Petersplatz, Rom

Mullet: siehe Fünfstrahliger Stern.

Münster: hauptsächlich in Südwestdeutschland übliche Bezeichnung für größere Kirchen, die weder Kloster- noch Bischofskirchen sein müssen.

Mutulus (1.05): Hängeplatte der dorischen Ordnung.

Nagelkopf (3.02, 3.03): Dekorationsmotiv.

Naos (1.01): Cella des griechischen Tempels.

Narthex (1.09): siehe Galiläa.

Nase (1.11): vorspringende Spitze in den Paßformen des gotischen Maßwerks, (3.02) Gesimsprofil.

Nash, John (1752–1835): vielseitiger und höchst erfolgreicher englischer Architekt, der sich aller bekannter Stilarten, vom Klassizismus über die Gotik bis zum exotischen Orientalismus (Brighton Pavilion, 1815), mit der gleichen Geläufigkeit bediente. In seinen Entwürfen und Bauten für die Regent Street und den Regent's Park in London (1811–28) kombinierte er elegante Stuckfassaden und zierliche Dekorationen mit stadtplanerisch heroisch dimensionierten Anlagen.

Nebelschnitt: siehe Wolkenschnitt.

Negatives Maßwerk (1.11): Form des gotischen Maßwerks.

Nervi, Pier Luigi (1891–1979): italienischer Ingenieur, Architekt, sehr ideenreich in der Stahlbetontechnik. Baute Stadien, Hangare, Ausstellungshallen und Wolkenkratzer mit einer Mischung aus Eleganz und technischem Wagemut, die zu einem Wahrzeichen der modernen italienischen Nachkriegsarchitektur wurde. Berühmte Beispiele sind das Pirelli-Gebäude in Mailand (mit Gio Ponti, 1955–58) und der Palazzo del Sport in Rom (1960).

Neugotik (siehe Zeittafel): historisierend-romantischer Versuch zwischen spätem 18. und spätem 19. Jahrhundert, der mittelalterliche gotische Architektur und Ornamentik wiederzubeleben suchte. Er umfaßte sowohl die Vorliebe für pittoreske Ruinen und gotische Folies als auch die den Staat verkörpernde Symbolik, wie z. B. des Londoner Parlaments (1834), und die ernsthafte Würde von Sakralbauten.

Neuklassizismus: Wiederaufnahme des Klassizismus in verschiedenen Jahrhunderten mit überdimensionaler Steigerung der Maßverhältnisse.

Neumann, (Johann) Balthasar (1687–1979): herausragendster und vielseitigster Architekt des deutschen Barock, früher Feldingenieur. Seine Schöpfungen, die Würzburger Residenz mit der prachtvollen Treppe und rund 100 Kirchen, häufig mit ovalem Grundriß und üppig ausgeschmückt, sind Höhepunkte dieses repräsentativen, dekorativen Stils.

Neustadt: Siedlung zur Entlastung von Großstädten, in die aber, im Gegensatz zur Trabantenstadt, auch Industrie und Gewerbe ausgelagert werden.

Niemeyer, Oscar (geb. 1907): brasilianischer Architekt, der 1936 in Rio mit Le Corbusier zusammenarbeitete. Seinen eigenen antirationalen, expansiven, skulpturartigen Stil entwickelte er mit der Kirche St. Francis in Pampulha (1942–43). Er war maßgeblich beteiligt an der Gestaltung der neuen Hauptstadt Brasilia (ab 1957) mit ihren atemberaubenden Bauwerken, ästhetischen Widersprüchlichkeiten und ernsten praktischen und sozialen Problemen.

Nische (1.12): einseitig offene Aussparung in einer Mauer.

Normannischer Stil (siehe Zeittafel): englische Bezeichnung der romanischen Architektur, deren frühestes Beispiel König Edwards des Bekenners Westminster Abbey (1065) war und die anschließend von Wilhelm dem Eroberer regelrecht aus der Normandie importiert wurde. Siehe auch Romanik.

Normannischer Ziegel (2.02): in den USA gebräuchlicher Standardziegel.
Nut (3.01): Rückspringendes Profil.
Nut und Feder (2.04): rechtwinklige Holzverbindung im Tischlerhandwerk.
Obelisk: nach oben verjüngter, mit einer pyramidenförmigen Spitze abschließender Steinpfeiler ägyptischen Ursprungs (Abbildung S. 77).
Obere Füllung (2.16): Teil des Fensters.
Oberer Stützpfosten (2.10): Teil des Fachwerks.
Obergaden: siehe Lichtgaden.
Oberhalber Löwe (3.05): Schildfigur.
Oberlicht: in der Decke liegende Fensteröffnung, die Licht von oben einläßt.
Oberrand: siehe Schildhaupt.
Ochsenauge (1.11): kreisförmiges oder ovales Fenster.
Oecus (1.01): Hauptraum eines römischen Wohnhauses.
Ogive: Spitzbogen; auch französische Bezeichnung für Rippe.
Oktastylos (1.03): Tempel mit acht Säulen an einer Front.
Oktogon: Achteck; wichtige Figur für den Grundriß von Zentralbauten.
Opaeum: siehe Auge.
Opferkasten: Behälter an der Kirchentür zur Aufnahme von Geldgaben.
Opisthodom (1.01): Raum an der Rückwand der Cella eines griechischen Tempels.
Opus alexandrinum: Fußbodenmosaik der römischen Antike.
Opus incertum (2.01): Form des römischen Mauerwerks.
Opus isodomum (2.01): Mauerwerk aus in gleichhohen Schichten verlegten Quadern.
Opus listatum: römisches Mauerwerk aus abwechselnden Schichten von Natur- und Ziegelsteinen.
Opus quadratum: römisches Quadermauerwerk.
Opus reticulatum (2.01): römisches Gußmauerwerk mit übereck gestellten Steinen als Verblendung.
Opus sectile: römische Wand- oder Fußbodenbekleidung aus Marmorplatten.
Orange (3.07): heraldische Tinktur.
Orangerie: Gewächshaus für nichtwinterfeste Pflanzen in barocken Parkanlagen.
Oratorium: kleiner, privater Betraum.
Orientierung: siehe Ostung.
Ort (2.05): Teil des Daches.
Ortbrett (2.08): als Abschluß der Dachdeckung am Rand eines Giebels verlaufendes Brett.
Ortstelle (3.07): Teil des Wappenschilds.
Osmanische Baukunst: allgemeine Bezeichnung für die türkisch-islamische Architektur vom späten 14. bis zum frühen 20. Jahrhundert unter der Herrschaft der 38 osmanischen Sultane in Südosteuropa (Balkan), Nordafrika, Anatolien und dem Vorderen Orient.
Ostung: Ausrichtung der Bauachse einer Kirche nach Osten, die in der Praxis sehr häufig vorkommt, jedoch mit wichtigen Ausnahmen (z. B. Peterskirche in Rom).
Ottonische Baukunst (siehe Zeittafel): Übergangsstil in Deutschland zwischen karolingischer Architektur und Romanik.
Oud, Jacobus Johannes Pieter (1890–1963): holländischer Architekt und Mitglied von de Stijl, einer Bewegung, die im Gegensatz zur expressionistischen Bauweise einen streng kubistischen Ansatz vertrat. Speziali-

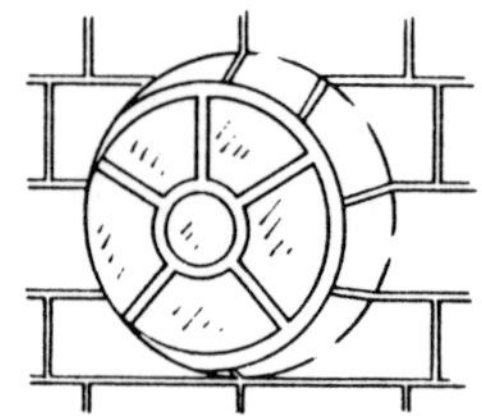
Ochsenauge

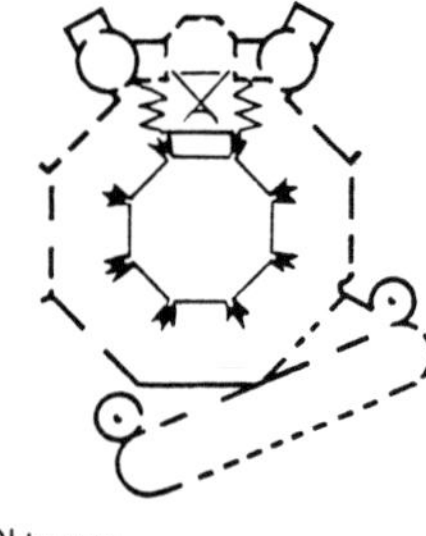
Oktogon

Ottonische Baukunst: Pfalzkapelle von Valkhof, Nijmegen, Holland, 10. Jahrhundert

Pagode: Kew Gardens, London, 1761 von Chambers

Palladianismus: Mereworth Castle, Kent, 1730 von Colin Campbell

Palladiomotiv 1537

siert auf öffentliche Gebäude und Arbeitersiedlungen, besonders in Rotterdam (1918–27) und Hoek van Holland (1924–27).

Pagode: buddhistischer Tempel in Indien, Südostasien oder China in Form eines turmartigen Stockwerkbaus, in Europa ab dem 18. Jahrhundert als dekoratives Bauwerk kopiert.

Palisade: Befestigung aus starken Holzpfählen.

Palladianismus (siehe Zeittafel): in Europa und den amerikanischen Kolonien im 17. und vor allem im 18. Jahrhundert weit verbreiteter klassizistischer Stil, ausgehend von den Bauten und Schriften Andrea Palladios.

Palladio, Andrea (1508–80): venezianischer Baumeister und Theoretiker, der so einflußreich war, daß er einen international als Palladianismus bekannten Stil kreierte. Er studierte Vitruv und war fasziniert von den symmetrischen Anlagen und harmonischen Proportionen der römischen Antike. Außerdem stand er in der manieristischen Tradition seiner Vorgänger Bramante, Raffael und Michelangelo. Seine Villen, etwa die Villa Rotonda in Vicenza (begonnen 1550), inspirierten zahreiche englische Landhausbauten des frühen 18. Jahrhunderts.

Palladiomotiv: Fenstermotiv, bei dem ein mittlerer breiter Bogen von zwei schmalen Öffnungen flankiert wird, die in Höhe des Bogenkämpfers mit einem Gebälk abschließen.

Palmenkapitell (1.06): Form des ägyptischen Kapitells.

Palmette: stilisierter Palmenwipfel als Dekorationsmotiv.

Palmettenfries (3.04): Fries aus fortlaufenden Palmetten.

Paneel (2.04, 2.10): hölzerne, oft aus einzelnen Feldern zusammengesetzte Wandbekleidung, die meist in Brusthöhe abschließt.

Päpstliches Kreuz (3.06): Wappenbild.

Papyros (3.04): Dekorationsmotiv.

Parabelbogen (2.13): Bogenform.

Paradies: Vorhof vor dem Narthex einer Basilika, manchmal auch Bezeichnung für den Narthex selbst. Siehe Galiläa.

Parakklesion (1.09): Nebenraum für die Andacht.

Paralleldach (2.05): Dachform.

Parallelverband (2.03): Backsteinverband.

Parkett (2.10): Holzfußboden aus zu Mustern zusammengesetzten Tafeln.

Parodos (1.02): seitlicher Bühnenzugang im antiken Theater.

Parterre: (a) Erdgeschoß (1.14, 1.15); (b) ebene Fläche mit Teppichbeeten im Barockgarten.

Parvis: siehe Paradies.

Paß (1.11): Teil des gotischen Maßwerks.

Passage: Durchgang zwischen Höfen; auch zwischen oder unter Gebäuden.

Passionskreuz: siehe Lateinisches Kreuz.

Pastophorien: die beiden Räume (Diakonikon und Prothesis) neben der Apsis frühchristlicher Basiliken.

Patera: kleines, flaches, kreisförmiges oder ovales Dekorationsmotiv.

Patriarchenkreuz (3.06): Wappenbild.

Pavillon: kleines freistehendes Gebäude in Garten- oder Parkanlagen (Abbildung S. 80).

Paxton, Sir Joseph (1801–65): ursprünglich Gärtner, errichtete er für den Herzog von Devonshire in Chatsworth Gewächshäuser (1826–40). Für die Weltausstellung in London entwarf und baute er den Kristallpalast (1851), der nicht nur wegen seiner Verwendung von Glas und Metall, sondern auch von Fertigbauteilen bedeutend ist, die hier zum ersten Mal in größerem Umfang eingesetzt wurden.

Pean (3.07): Gegengoldhermelin; Schildmuster.

Pendeltür (2.17): Türform.

Belvedere-Pavillon bei Würzburg, 18. Jahrhundert von Antonio Perrini

Perpendicular style: Westfassade der Kathedrale von Winchester, 1367–1404

Plateresken-Stil: Palasttor, Avila, Altkastilien, 16. Jahrhundert

Pendentif (2.06): Hängezwickel zur Überleitung vom Grundriß des Unterbaus einer Kuppel zu ihrem Fußkreis.
Pentastylos (1.03): Tempel mit fünf Säulen an einer Front.
Penthouse (2.05): bungalowartiger Dachaufbau.
Pergola: Laubengang, der durch ein Rankgerüst für Pflanzen gebildet wird.
Peridromos (1.03): Umgang zwischen Säulenkranz und Cellawand eines antiken Tempels.
Peripteros (1.03): Tempel mit Säulenkranz und Pteron.
Peristyl (1.01): die einen Hof umgebende Säulenhalle.
Perlstab: siehe Astragal.
Perpendicular style (siehe Zeittafel): letzter und englischster der drei gotischen Architekturstile in England. Charakterisiert durch die Betonung von Horizontalen und Vertikalen, große Fensterflächen, Liernen- und später Fächergewölbe, war er von etwa 1350 bis ins 16. Jahrhundert gebräuchlich, in manchen Gegenden auch danach noch. Seinen Höhepunkt erreichte er mit Bauten wie der King's College Chapel in Cambridge (1446–1515).
Perret, Auguste (1874–1954): erster französischer Architekt, der konsequent mit Eisenbetonkonstruktionen arbeitete, bei denen freiliegende Einzelteile in die Ornamentik mit einbezogen wurden. In seinen Frühwerken, etwa dem Mietshaus in der Pariser rue Franklin (1902–03), kombinierte er Eisenbetontechnik mit Jugendstilelementen. Später, zum Beispiel beim Wiederaufbau von Le Havre (ab 1946), waren seine Gebäude in ihrer Ausgewogenheit und Strenge fast klassizistisch.
Perron: (a) Bahnsteig; (b) Plattform.
Perspektive (3.10): in der Renaissance entwickelte zeichnerische Darstellung eines Objekts.
Pfahl (3.08): Schildteilung.
Pfarrkirche: Kirche, der ein eigener Pfarrsprengel zugeordnet ist.
Pfeifenkapitell (1.06): Form des Kapitells.
Pfeil: siehe Stich.
Pfeiler (1.06): Mauerstütze mit meist viereckigem oder polygonalem, manchmal auch kreisrundem Grundriß, die dann jedoch keine Verjüngung und keine Entasis wie die Säule hat.
Pferd steigend (3.05): Wappentier.
Pfette (2.09): parallel zum First verlaufendes Holz des Dachstuhls.
Pfosten: (a) senkrechte Holzstütze, besonders im Fachwerkbau (2.10); (b) Seiten- oder Mittelteil des Tür- oder Fensterstockes (2.14, 2.16).
Pfropfschnitt (3.08): heraldische Begrenzungslinie.
Pharos: Leutturm der griechisch-römischen Antike.
Piazza: italienisch für Platz.
Pilaster (1.06): einer Wand vorgelagerter flacher Pfeiler.
Pilote: Stützen des offenen Erdgeschosses eines Gebäudes.
Piscina: (a) Schwimmbassin der römischen Thermen; (b) Taufbecken (1.10); (c) Becken für liturgische Waschungen (1.10).
Platereskenstil (siehe Zeittafel): vorherrschender Baustil im Spanien des 16. Jahrhunderts, in dem sich auf extravagante Weise gotische, maurische und Renaissance-Elemente mischten; abgeleitet von Silberschmiedearbeiten.
Plinthe (1.05): quadratische Unterlage der Basis eines Stützgliedes.
Podest: (a) Absatz zwischen den Treppenläufen (2.11); (b) siehe Estrade.
Podium: (a) erhöhter Unterbau antiker Bauwerke; (b) kleine Bühne.
Polygonalmauerwerk (2.01)): Mauerwerk mit einer Ansichtsfläche aus polygonalen Steinen.

Portikus: Tate Gallery, London, 1897 von S. R. J. Smith

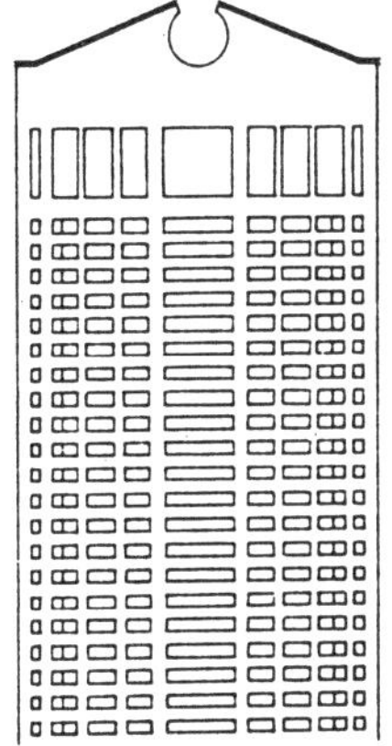
Postmoderne: »Chippendale«-Wolkenkratzer für AT&T, New York, 1983 von Philip Johnson und John Burgee

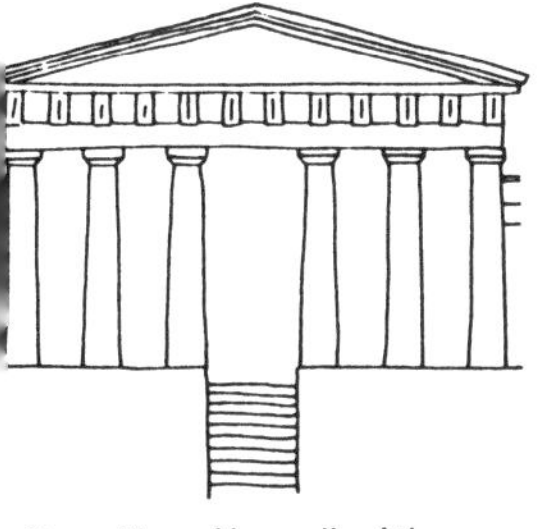
Propyläen: Akropolis, Athen, 432 v. Chr. von Mnesicles

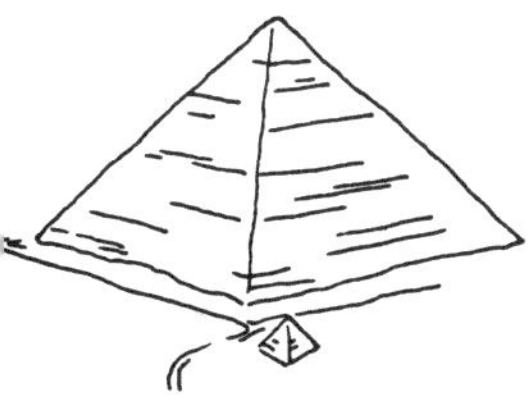
Pyramide: Cheops-Pyramide, Gizeh, Ägypten, Altes Reich, ca. 2560 v. Chr.

Pöppelmann, Matthäus Daniel (1662–1736): deutscher Barockarchitekt im Dienste des kursächsischen Hofs. Sein originellstes Bauwerk war der Dresdner Zwinger (1711–22).
Portikus: von Säulen oder Pfeilern getragener Vorbau an der Hauptfront eines Gebäudes.
Postament (1.05): Sockel eines Stützgliedes oder einer Statue.
Postamentwürfel (1.05): Teil des Postaments.
Postmoderne (siehe Zeittafel): Reaktion der 70er Jahre auf die Nüchternheit und Kommerzialisierung des Internationalen Stils. Sie vertrat die Wiedereinführung von Ornament und Dekoration in die Architektur, oft mit grellen Farben und unlogischen Nebeneinanderstellungen.
Poterne (1.07): kleines Ausfalltor an der Seite oder Rückwand einer Festungsanlage.
Präfabrikation: Bauweise mit in Fabriken serienmäßig gefertigten Teilen, die am Bauplatz montiert werden.
Presbyterium: (a) der für den Geistlichen bestimmte Teil des Kirchenraums (1.09); (b) das Kollegium der Presbyter.
Preßfuge (2.02): Fugenart.
Profil: Querschnitt eines Bauelements.
Pronaos (1.01): Vorhalle der Cella (Naos) eines griechischen Tempels.
Propyläen: monumentale Toranlage eines griechischen Tempelbezirks.
Prostylos: Tempel mit giebeltragender Säulenreihe an der Frontseite.
Proszenium: (a) Bühnenraum im antiken Theater (1.02); (b) im modernen Theater der Teil der Bühne zwischen Vorhang und Rampe.
Prothesis: (1.09): Nebenraum in byzantinischen und frühchristlichen Kirchen zur Vorbereitung des Meßopfers.
Pseudodipteros: (a) Tempel mit Wandsäulen und umlaufendem Säulenkranz; (b) Tempel mit doppelt breitem Pteron, aber ohne die innere Säulenreihe des Dipteros (1.03).
Pseudokorbbogen (2.13): Bogenform.
Pseudoperipteros (1.03): Tempel ohne Pteron, d. h. mit Wandsäulen anstelle eines Säulenkranzes.
Pseudo-Tudorbogen (2.13): Bogenform.
Pteron (1.03): Fläche zwischen Cella und Säulenkranz des griechischen Tempels.
Pugin, Augustus Welby (1812–52): englischer Architekt und Zeichner, leidenschaftlicher Anhänger des Gothic Revival. Sein Übertritt zum Katholizismus lieferte ihm die religiöse Grundlage für seine Bevorzugung der Gotik, aber er verstand sich nicht nur auf die malerischen Aspekte der gotischen Architektur, sondern auch auf ihre Struktur, Form und Funktion. Er erhielt von der Ausstattung des Londoner Parlamentsgebäudes (1839–52) abgesehen, nur wenige bedeutende Aufträge.
Pultdach (2.05): Dachform.
Purbeckmarmor: Kalkstein aus Purbeck, Dorset, der marmorartig aussieht.
Purpur (3.07): heralidsche Tinktur.
Putz: Mörtelüberzug an Mauern, Wänden und Decken.
Pyknostylos (1.05): Säulenstellung, bei der das Interkolumnium das Anderthalbfache des unteren Säulendurchmessers beträgt, engsäulig.
Pylon: (a) monumentarler Torbau des ägyptischen Tempels; (b) Pfeilertürme einer Hängebrücke, an denen das Tragwerk aufgehängt wird.
Pyramide: Grabbau der ägyptischen Pharaonen auf quadratischem Grundriß mit geneigten, in einer Spitze zusammenlaufenden Dreiecksseiten.
Pyramidendach (1.08): Form des Turmdaches.

Quader: in regelmäßige Form gebrachter Hau- oder Werkstein.
Quadermauerwerk (2.01): Mauerwerk aus Quadersteinen.
Quadrangle: großer, viereckiger, von Gebäuden umstandener Hof, häufig in englischen Colleges anzutreffen.
Quadraturmalerei: illusionistische Architekturmalerei an Wänden und Decken.
Quadriga: Plastik eines Gespanns mit vier Pferden von einem Streitwagen, zum Beispiel auf dem Brandenburger Tor in Berlin.
Querhaus (1.09): quer zum Langhaus verlaufender Bauteil der Kirche.
Querschiff: siehe Querhaus.
Questen-Flechtkreuz (3.09): Heroldsbild.
Radburn-System: stadtplanerisches Konzept, das auf der vollkommenen Trennung des Fahrverkehrs vom Fußgängerverkehr basiert.
Radfenster: Rundfenster mit speicherartiger Unterteilung.
Radialkapellen: siehe Kapellenkranz.
Raffael (Raffaelo Sanzio) (1483–1520): herausragender Maler und Baumeister der Hochrenaissance. Mit seinem Stil setzte er Bramantes Spätwerk fort. Äußerst wirkungsvoll zeigt sich dies sowohl in seinen Bildern, etwa *Die Schule von Athen* (Vatikan, ca. 1509), wie auch in seinen Bauten, zum Beispiel dem letzten, der Cappella Chigi in S. Maria del Popolo, Rom (ca. 1513–14).
Rähm: waagerechtes Holz einer Fachwerkwand, das über den Ständern liegt.
Rankenwerk (3.04): Dekorationsmotiv.
Rapport: Wiederholung desselben Dekorationsmotivs, um ein regelmäßiges Muster zu erzeugen.
Rauchfang: siehe Schornstein.
Rauchöffnung (1.08): mit Lamellen versehene Öffnung im Dach, durch die Rauch von einer Feuerstelle abziehen kann.
Rauhputz: Putz mit rauher Oberfläche durch Verwendung grobkörniger Zuschlagstoffe oder durch künstliche Aufrauhung.
Raumfachwerk: Holz- oder Stahlkonstruktion, deren Elemente sich entsprechend dem Kräfteverlauf räumlich in der Längs-, Quer- und Diagonalrichtung erstrecken.
Raute (3.09): Heroldsbild.
Rautenfries (3.04): aus Rauten gebildeter Fries.
Rautenschindel (2.04): Holzschindelart.
Ravelin (1.07): kleines, halbmondförmgies Außenwerk einer Festung, gewöhnlich zwischen zwei Bastionen angelegt.
Rechte Hüftstelle (3.07): Teil des Wappenschilds.
Rechte Oberstelle (3.07): Teil des Wappenschilds.
Rechte Unterstelle (3.07): Teil des Wappenschilds.
Rechteckeisen (2.02): Wandanker.
Rechter Seitenrand (3.07): Teil des Wappenschilds.
Rechts angeschlagene Tür (2.16): Form des Türeinbaus.
Rechts geschrägt (3.08): Schildteilung.
Rechtwinkliges Maßwerk (1.11): Form des gotischen Maßwerks.
Refektorium: Speisesaal in einem Kloster.
Regelmäßiges Schichtenmauerwerk (2.01): Form des Mauerwerks.
Regula (1.03): Leiste unter der Taenia des dorischen Gebälks.
Reihenhaus: in Zeilenbauweise miteinander verbundenes, meist mehrgeschossiges Einfamilienhaus.
Remter: siehe Refektorium.
Renaissance (siehe Zeittafel): im weitesten Sinne umfaßte die Renaissance in Italien einen Zeitraum von etwa 1420 bis Mitte des 16. Jahrhun-

Reihenhaus: Hanover Terrace, Regent's Park, London, 1828 von Nash

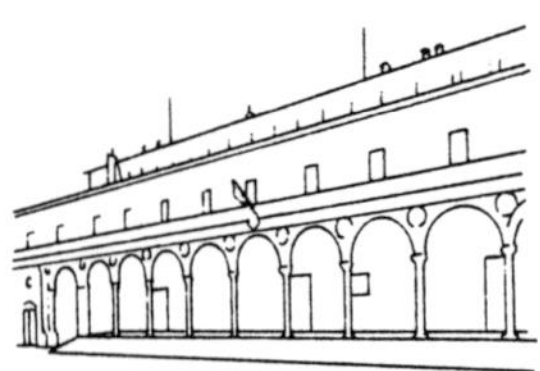
Renaissance: Findelhaus, Florenz, 1444 von Brunelleschi

Rokoko: Wallfahrtskirche Vierzehnheiligen, Deutschland, 1772 von Neumann

Romanik: Abbaye-aux-Hommes (St. Etienne), Caen, Normandie, 1086

Römische Architektur: Porta Ostiense (Tor von San Paolo), Aurelianische Mauer, Rom, ca. 280 (Türme ca. 310)

derts, in dem die Motive und Prinzipien der römisch-antiken Baukunst wieder aufgegriffen und in die Architekturtradition Italiens integriert wurden, der mit Brunelleschi begann und mit Bramante, Raffael und Michelangelo endete. Sowohl theoretisch als auch praktisch übernahm das übrige Europa im 16. Jahrhundert die italienische Renaissancebaukunst.

Retabel (1.10): Altaraufsatz, der auch als Schauwand auf einem Unterbau hinter dem Altar stehen kann.

Reticulated tracery (1.11): Siehe Netzmaßwerk.

Riemchen (2.02): Form des Backsteins.

Riemenparkett (2.10): Muster eines Parkettfußbodens.

Riese (1.08): Helm einer Fiale.

Ring (3.09): Heroldsbild.

Rippe: verstärkender und/oder dekorativer Konstruktionsteil einer Stahlbetondecke oder eines Gewölbes.

Rippenmuster (3.03): Zierform.

Rogers, Richard (geb. 1933): britischer Architekt der Postmoderne, zu dessen innovativen Schöpfungen das Pariser Centre Pompidou (1977) und das Londoner Lloyd's Building (1986) im High-Tech-Stil gehören.

Rokoko (siehe Zeittafel): dekorativer, antirationaler Architekturstil, der zugleich Fortsetzung und Antithese des Barock war. In Frankreich war er durch Leichtigkeit, gedrechselte Formen und die Frivolität des Hofes gekennzeichnet, in Süddeutschland und Österreich durch eine fast ekstatische Üppigkeit und räumliche Komplexität. Er vernachlässigte das strukturelle Element und legte den Schwerpunkt auf Linienführung und Emotion, etwa in Balthasar Neumanns Kirche der Vierzehnheiligen (begonnen 1743).

Rolladentür (2.17): Türform.

Rollenfries (3.03): Fries aus waagerechten, zylindrischen Rollen.

Rollschicht (2.02): Mauerschicht aus hochkant gestellten Bindern.

Romanik (siehe Zeittafel): in ganz Europa verbreiteter Stil, der in etwa die Baukunst von der Zeit Karls des Großen (ca. 800) bis zum Beginn der Gotik umfaßte. Charakterisiert durch Rundbogen, klar gegliederte Grund- und Aufrisse, basilikale Pläne für Kirchen sowie Tonnen- und die ersten Rippengewölbe (Kathedrale von Durham; Nordostengland).

Römisch-dorische Ordnung (1.04): römische Abwandlung der dorischen Säulenordnung.

Römische Architektur (siehe Zeittafel): die Baukunst des antiken Rom, insbesondere seine monumentalen öffentlichen Bauten (Thermen, Amphitheater, Aquädukte usw.), Verteidigungsanlagen (Hadrianswall) und ländlichen Villen. Schon im 1. Jahrhundert v. Chr. fertigten die Römer aus Backstein und Gußmörtel die ersten großen Gewölbe (Erfinder des Kreuzgewölbes) und Kuppeln. Sie und der Bogen bildeten ihre architektonische Basis, mehr als, wie bei den Griechen üblich, die Säule.

Rose-en-soleil (3.06): Wappenbild.

Rosette: dekorativ reduzierte Blütenform.

Rosettenfries (3.04): aus Rosetten gebildeter Fries.

Rot (3.07): heraldische Tinktur.

Rotunde (2.05): Bau oder Raum über kreisförmigem Grundriß.

Rücken (2.12): Teil des Bogens.

Rundbogen: siehe Halbkreisbogen.

Rundbogenstil: deutscher neuromanischer Stil des 19. Jahrhunderts.

Runddach: siehe Tonnendach.

Rundfenster: Fenster mit kreisrunder Öffnung.

Rundstab: stabförmiger zylindrischer Bauteil.

Ruskin, John (1819–1900): ungeheuer einflußreicher Kunsttheoretiker und Kenner der Architektur, in dessen Schriften, etwa *Seven Lamps of Architecture* (1849), die im 19. Jahrhundert übliche Verehrung der Reinheit und Integrität gotischer Baukunst und Ornamentik auf die Spitze getrieben wurde.
Rüster: weit verbreitetes Hartholz.
Rustika: Mauerwerk aus grob behauenen Buckelquadern (Bossen).
Rustizierte Säule (1.06): Säule, deren Schaft abwechselnd glatte und rustizierte Quader aufweist.
Rüstloch: Loch in der Wand, durch das der Querbalken eines Baugerüsts abgestützt wird.
Saalkirche: einschiffige Kirche mittlerer Größe.
Saarinen, Eero (1910–61): finnisch-amerikanischer Architekt, der sowohl streng im Internationalen Stil gehaltene als auch wesentlich expressionistischere Bauwerke, so das TWA-Terminal auf dem New Yorker Kennedy Airport (1956–62), schuf.
Sägedach (2.05): Dachform.
Sägezahnverzierung (3.03): sägeförmige Dekoration, hauptsächlich an Friesen.
Sakramentshaus (1.10): steinernes Gehäuse zur Aufbewahrung der geweihten Hostie an der Nordwand des Chors.
Sakristei (1.09): Raum zur Aufbewahrung der liturgischen Geräte und Gewänder sowie Umkleideraum für den Geistlichen.
Salomónica (1.06): im spanischen Barock häufig vorkommende Form der gedrehten Säule.
Salon (1.14): Empfangs- und Gesellschaftszimmer.
Sanktuarium: (a) siehe Presbyterium (a); (b) allgemein Stätte des Heiligtums in Kultbauten.
Sanktusglocke (1.08): Glocke zum Meßopfer.
Sarkophag: meist steinerner Sarg als sichtbares Grabdenkmal.
Satteldach: siehe Giebeldach.
Sattelholz: kurzes Holzstück zur besseren Übertragung von Lasten auf einen Pfosten oder im Dachstuhl zur Verteilung der Pfostenlast.
Säule: (a) Stützglied im Steinbau mit kreisförmigem Grundriß und im Unterschied zum Rundpfeiler mit Verjüngung, manchmal Entasis (1.05, 1.06); (b) im Fachwerk jedes senkrechte Holz.
Säulenordnungen (1.04, 1.05): die Proportionierung der klassischen Säulen und Gebälke.
Saumschwelle (2.10): Teil eines Fachwerks.
Scagliola: Stuckmarmor; ein aus verschiedenfarbigen Pasten gefertigter Innenputz.
Scenae frons: Bühnenrückwand des römischen Theaters.
Schablone: aus Pappe, Holz oder Blech hergestellte Vorlage zum wiederholten Auftragen eines Motivs.
Schachbrettfries: siehe Würfelfries.
Schächerkreuz (3.06): siehe Gabelkreuz.
Schaft (1.03, 1.06): Stamm oder Rumpf einer Säule.
Schaftring (1.06): um einen Säulenschaft gelegter steinerner Ring.
Schalbrett: Teil der Schalung.
Schalenbauweise: Dachkonstruktion nach dem Prinzip einer Eierschale, bei der aus Beton eine dünne, selbsttragende Membran hergestellt wird.
Schalung: (a) Verkleidung einer Wand mit Brettern (2.04); (b) Gußform für flüssigen Beton o. Ä., die nach dem Erhärten wieder abgenommen wird.

Schamottestein: bei hoher Temperatur vorgebrannter, feuerfester Stein.
Schanze: kleines, bastioniertes Befestigungswerk im Vorfeld einer Festung.
Schar: Schicht eines Mauerverbandes.
Scharrieren (2.01): das Bearbeiten der Steinoberfläche mit einem Scharriereisen.
Scharwachtturm (1.08): erkerartiges Türmchen auf einer Wehrmauer.
Scheibe: (a) der gläserne Teil eines Fensters (2.14); (b) Heroldsbild (3.09).
Scheibenfach: kleine, oft quadratische, meist aber rautenförmige Glasscheibe.
Scheibenfries (3.03): ornamentierter Fries.
Scheidbogen: Bogen, der Mittelschiff und Seitenschiffe einer Kirche voneinander trennt.
Scheitel: höchster Punkt eines Bogens oder Gewölbes.
Scheitellinie (2.12): Linie entlang des Scheitels von Bogen oder Gewölbe.
Scheitelrippe: Rippe, die entlang der Scheitellinie eines Gewölbes verläuft.
Scheitelstein (2.12): Stein am höchsten Punkt eines Bogens oder Gewölbes.
Scheitrechter Sturz (2.13): echter Bogen mit waagerechter Untersicht.
Schenkel: (a) Bogenhälfte zwischen Kämpfer und Scheitel (2.12); (b) Rahmenholz des Fensterflügels (2.14).
Scherenjoch (2.09): Form des Dachgebindes.
Scheuerleiste (2.10): Fußleiste zur Überdeckung der Spalte zwischen Fußbodenbelag und Wand.
Schiebefenster (2.15): Fensterform.
Schiebetür (2.17): Türform.
Schiefer (2.08): in dünne Platten brechendes Gestein, das zur Dachdeckung benutzt wird.
Schießscharte (1.07): schmaler Schlitz in einer Wehrmauer, durch den man mit Pfeil und Bogen oder Handfeuerwaffen schießen konnte.
Schild: (a) Teil des Wappens; (b) Schlüsselloch oder Schlüsselloch und Türgriff umfassender Beschlag.
Schildchen (3.09): Heroldsbild.
Schilderhaus (1.07): Schutzhäuschen für Wachtposten.
Schildfuß: Teil des Wappenschilds.
Schildhaupt (3.07): Teil des Wappenschilds.
Schildlein (3.09): Heroldsbild.
Schindel: (a) dünnes Holzbrettchen; (b) Heroldsbild (3.09).

Schindelstil: Stoughton House, Cambridge, Massachusetts, 1882 von Henry H. Richardson

Schindelstil: Stil in der amerikanischen Wohnhausarchitektur des späten 19. Jahrhunderts, beispielhaft vertreten durch H. Richardsons Stoughton House in Cambridge, Massachusetts (1882), dessen Innenräume zueinander oder nach außen geöffnet sind.
Schindelverkleidung (2.04): Verkleidung von Außenwänden durch dünne Holzbrettchen.
Schinkel, Karl Friedrich (1781–1841): vielseitiger preußischer Architekt des 19. Jahrhunderts, der in Berlin bei Gilly studierte. Zahlreiche seiner Bauten waren rein neugriechisch-klassizistisch, gipfelnd im Alten Museum von Berlin (1823–30), aber er ließ sich auch von Gotik und Romanik (Rundbogenstil) beeinflussen und interessierte sich für die industrielle Entwicklung.

Schlafsaal: von vielen Personen benutzter Raum zum Schlafen.
Schlange geringelt (3.05): Wappentier.
Schlangensäule (1.06): Säulenform.
Schlangenschnitt: siehe Wellenschnitt.
Schleierwerk (1.12): Sonderform des Maßwerks, das frei einer geschlossenen Wand vorgeblendet ist.
Schließbolzen (2.16): Teil des Türschlosses.
Schließziegel (2.02): Form des Backsteins.
Schloßhöhe (2.16): Teil der Tür.
Schlot: siehe Schornstein.
Schlußstein: siehe Scheitelstein.
Schnabelkopffries (3.04): Fries aus einer Reihung von Vogel-, Tier- oder Menschenköpfen.
Schneuß: siehe Fischblase.
Schönsäulig: siehe Eustylos.
Schornstein (1.13): gemauerter Rauchabzugsschacht eines Hauses.
Schornsteinaufsatz (2.08): Röhre auf dem Schornsteinkopf, um die Zugwirkung zu verbessern.
Schornsteinkappe: siehe Schornsteinaufsatz.
Schornsteinkasten (2.08): aus mehreren Schornsteinen zusammengezogene Schornsteingruppe.
Schornsteinklappe (2.08): bewegliche Metallabdeckung über der Schornsteinöffnung.
Schornsteinkopf (2.08): über die Dachhaut ragender Teil des Schornsteins.
Schornsteinsäule: freistehender Schornstein.
Schornsteinwand: dicke Mauer hinter einem Schornstein.
Schotter: grobe Mischung aus Geröll und Kieseln.
Schräg geviert (3.08): Schildteilung.
Schräg links geteilt (3.08): Schildteilung.
Schräg rechts geteilt (3.08): Schildteilung.
Schrägbalken (3.08): Schildteilung.
Schrägriß (3.10): Art der zeichnerischen Darstellung eines Objekts.
Schrägstufenschnitt (3.08): heraldische Begrenzungslinie.
Schränkverband (2.03): Backsteinverband.
Schub: horizontale Kräfteverschiebung innerhalb eines Mauerwerks durch Bogen oder Gewölbe.
Schulter (2.12): Teil eines Bogens.
Schulterbogen (2.13): Bogenform.
Schuppendach (2.08): mit Schiefer(-schuppen) eingedecktes Dach.
Schuppenschindel (2.04): zur Dachdeckung und Wandverkleidung verwendete Schindelform.
Schuppenschnitt (3.08): heraldische Begrenzungslinie.
Schützenstand (1.07): Austritt für den Schützen in einem Wehrgang oder Schützengraben oder hinter einer Brustwehr.
Schwalbenschwanzschnitt (3.08): heraldische Begrenzungslinie.
Schwarz (3.07): heraldische Tinktur.
Schwelle: unteres Querholz eines Fachwerks (2.10) oder eines Türstocks (2.16).
Schwellholz: siehe Schwelle.
Schwibbogen: siehe Strebebogen.
Schwingfenster (2.15): Fensterform.
Sechsteiliges Gewölbe (2.07): Gewölbeform.
Sechszackiger Stern (3.06): Wappenbild.
Segmentbogen: siehe Flachbogen.

Seitenpfosten: siehe Seitenschenkel.
Seitenschenkel (2.14): Teil des Fensters.
Seitenschiff (1.09): meist zu beiden Seiten des Mittelschiffs liegende Raumteile der Kirche.
Serliana: siehe Serliomotiv.
Serlio, Sebastiano (1475–1554): italienischer Maler, Baumeister und Theoretiker, der in seinem Buch *L'Architettura* (1537–51) die antiken Säulenordnungen wiederbelebte. Für die Nachahmung klassischer Motive und der italienischen Renaissance wurde es für britische und französische Architekten zu einer wichtigen Quelle.
Serliomotiv: in England übliche Bezeichnung für das Palladiomotiv.
Setzstufe (2.11): Teil der Treppe.
Sgraffito: aus mehreren verschiedenfarbigen Schichten bestehender Putz, bei dem man durch Abkratzen der oberen Schichten dekorative Muster erhält.
Sheddach: siehe Sägedach.
Sichtbeton: siehe Béton brut.
Silber (3.07): heraldische Tinktur.
Sima: hochgestellte, mit Wasserspeiern besetzte Abschluß- und Rinnleiste des griechischen Tempels.
Skelettbau: Bauweise, bei der im Gegensatz zum Massivbau ein Rahmengerüst die Wände trägt, z. B. Fachwerk, vor allem aber der moderne Stahlbetonbau.
Skene (1.02): Bühnenhaus des griechischen Theaters.
Slype (1.09): enger Gang zwischen Querschiff und Kapitelhaus englischer Klosterkirchen.
Soane, Sir John (1753–1837): einfallsreicher und origineller englischer Architekt, der mit seiner Bank von England (1792–1827) eine genial vereinfachte Version des Klassizismus präsentierte. Sein besonderer Stil und sein Geschmack kommen am besten bei seinem eigenen Haus, dem heutigen Sir John Soane Museum in Lincoln's Inn Fields in London (1812–13), zum Ausdruck.
Sockel (1.06, 1.08): Unterbau eines Gebäudes, einer Säule oder einer Statue.
Sockelfries (2.10): Teil des Paneels.
Sockelfüllung (2.10): Teil des Paneels.
Soffitte: Untersicht einer Decke.
Sohlbank (1.12): siehe Fensterbank.
Solarium: siehe Altan.
Solea: erhöhter Gang in einer frühchristlichen oder byzantinischen Kirche, der Bema und Ambo miteinander verbindet.
Söller: siehe Altan.
Sonnenblende: eine außen vor dem Fenster angebrachte, zumeist aus Lamellen bestehende Vorrichtung zum Schutz gegen übermäßige Sonneneinstrahlung.
Sopraporte: gerahmtes, oft bemaltes Feld über einer Tür.
Spandrille (1.12): Dreieckzwickel zwischen Bogen und senkrechter Begrenzung einer Maueröffnung.
Spannbeton: Beton mit Armierung aus Stahlkabeln, die vor und nach dem Betonieren gespannt werden, um die auf Zug beanspruchte Zone zu entlasten.
Spannbogen: Bogen zur Aussteifung hoher Hallenwände, besonders in Kirchen.
Spannweite (2.12): Abstand zwischen den Auflagern eines Bogens oder anderer Konstruktionen (Brücke, Gewölbe).

Spannbogen: Kathedrale von Wells, Somerset, 1338

Sparren (2.09, 2.10): schräg ansteigendes Holz einer Dachkonstruktion.
Speicher: (a) Lagerhaus für Landwirtschafts- und Handelsprodukte; (b) umgangssprachlich für Dachboden, Dachkammer (1.01, 1.14).
Speirohr: siehe Abtraufe.
Speisekammer (1.13, 1.14, 1.15): kleiner Raum oder Wandschrank zur Aufbewahrung von Lebensmitteln.
Sperrholztür (2.17): Türform.
Spindeltreppe (2.11): Treppenform.
Spiralmäander (3.04): Dekorationsmotiv.
Spitzbogenfries (3.03): Fries aus kleinen Spitzbogen.
Spitze: (a) siehe Unterrand; (b) Schildteilung.
Spitzen (2.01): das Bearbeiten der Steinoberfläche mit einem Zweispitz.
Spitzenschnitt (3.08): heraldische Begrenzungslinie.
Spitzfuge (2.02): Fugenart.
Spitzkehle (3.02): Profil.
Spitzturm (1.08): Form des Turmdaches.
Spitzzahn (3.03): Ornament.
Spornpfeiler (1.12): Form des Strebepfeilers.
Sprengwerk (2.09): Dachkonstruktion.
Sprosse (2.14): Teil des Fensters.
Spundung: siehe Nut und Feder.
Stabkirche (siehe Zeittafel): skandinavische Holzkirche, deren konstruktives Gerüst aus Masten gebildet wird, ab dem 11. Jahrhundert üblich.

Stabkirche: Heddal, Norwegen, 1250

Stabwerk: senkrechte Unterteilungselemente der Glasflächen gotischer Fenster.
Stadion: Bahn oder Platz zur Austragung öffentlicher Sportwettkämpfe.

Stadion: Domitiansstadion, Rom, 86 n. Chr.

Stadtplanung: vorausschauende Ordnung der räumlichen und baulichen Entwicklung örtlicher Gebiete.
Staffelgiebel: Giebel mit abgetreppter Kontur.
Stafford-Konten (3.06): Wappenbild.
Stahlbeton: Verbundkörper aus Beton und einer Stahlbewehrung.
Stalltür (2.17): Türform.
Ständer: (a) senkrechtes Holz beim Fachwerk, Stabbau und Ständerbau; (b) Heroldsbild (3.09).
Steigender Bogen (2.13): Bogenform.
Steigendes Karnies (3.01): S-förmig geschwungene Leiste.
Stern (3.06): Wappenbild.
Sterndistel (3.06): Wappenbild.
Stich (2.12): Abstand zwischen Kämpferlinie und Scheitel eines Bogens oder Gewölbes.
Stichbalken: Balken, der mit einem Ende auf einem Decken- oder Wechselbalken und mit dem anderen auf der Außenmauer aufliegt.
Stichbogen: siehe Flachbogen.
Stirling, James (geb. 1926): international bekannter britischer Architekt der Postmoderne, dessen kompromißloser Umgang mit Form und Material ihn in die Nähe des Brutalismus rückt, etwa bei der historischen Fakultät der Universität Cambridge (1965–68). Seine Staatsgalerie in Stuttgart erfreut sich allgemeiner Beliebtheit.
Stirn: Vorderseite des Hauptes (a).
Stirnbrett: siehe Ortbrett.
Stoa: in der griechischen Architektur eine freistehende, langgestreckte Säulenhalle, manchmal zweigeschossig, mit geschlossener Rückseite.

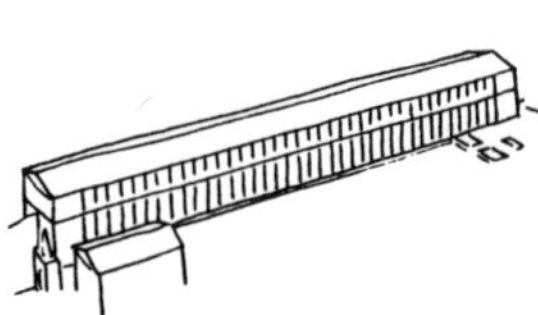

Stoa: Assos, Kleinasien, hellenistisch

Stocherfuge (2.02): Fugenart.

Stocken: das Bearbeiten der Steinoberfläche mit einem Stockhammer.
Stop Chamfer (1.12): Kehlhalt; im Early English übliche Methode der Abfasung, bei der die Endstücke der Fase wieder in einen rechten Winkel übergehen.
Strebe (2.09): schräg gestelltes Bauglied zur Ableitung von Schubkräften.
Strebebogen (1.08, 1.12): Teil des gotischen Strebewerks; Bogen, der den Horizontalschub eines Gebäudes auf den Strebepfeiler überträgt.
Strebenfachwerkträger (2.09): Form des Dachgebindes.
Strebepfeiler (1.08, 1.12): zur Verstärkung einer Außenmauer und zur Ableitung von Schubkräften quer vorstehender Pfeiler.
Strebewerk (1.12): kontruktives Verspannungssystem zur Ableitung der Gewölbeschübe, typisch für den gotischen Sakralbau.
Strohdach (2.08): Art der Dachdeckung.
Stuck: mit Leimwasser angerührter Gipsmörtel zur Verkleidung und Dekoration von Wänden und Decken.
Stufenkreuz (3.09): Heroldsbild.
Stufenschindel (2.04): Holzschindelart.
Stufenschnitt (3.08): heraldische Begrenzungslinie.
Stufenzinnenschnitt (3.08): heraldische Begrenzungslinie.
Stukkatur (2.08): plastische Stuckverzierung von Bauteilen.
Sturz (2.14, 2.16): waagerechter oberer Abschluß einer Tür- oder Fensteröffnung.
Sturzbogen (1.12): bogenförmiger Abschuß einer Fenster- oder Türöffnung.
Sturzriegel (2.10): waagerechtes Holz über der Tür- oder Fensteröffnung eines Fachwerks.
Stütze: aufrechtes, meist stabförmiges Bauglied; (2.06) unter einer Kuppel.
Style rayonnant (siehe Zeittafel): Baustil der französischen Gotik, der sich durch sehr große, mit Glasmalerei geschmückte Rundfenster und die üppige Verwendung von Maßwerk auszeichnet.
Stylobat (1.03): oberste Stufe des antiken Tempelunterbaus.
Sullivan, Louis Henry (1856–1924): amerikanischer, vor allem in Chicago tätiger Architekt und Innendekorateur, der zusammen mit Dankmar Adler über 100 Gebäude gestaltete (1880–95), darunter revolutionäre, in Skelettbauweise errichtete Stahlhochhäuser.
Swastika (3.06): Wappenbild.
Synagoge: Bethaus und Kultstätte der Juden.
Systylos (1.05): Säulenstellung, deren Interkolumnium zwei untere Säulendurchmesser beträgt.
Tabernakel: (a) Gehäuse zur Aufbewahrung für Hostien auf einem Altar; (b) auf Stützen ruhender Überbau eines Altars oder Grabes (1.10).
Tablinum (1.01): gegen das Atrium geöffneter Empfangsraum des römischen Wohnhauses.
Taenia (1.03): vorspringende Leiste am Gebälk der dorischen Ordnung.
Tafelbau (2.04): Bauweise mit vorgefertigten Holztafeln.
Täfelung: Holzverkleidung von Decken und Wänden.
Tambour (2.06): zylinderförmiger Unterbau einer Kuppel.
Tange, Kenzo (geb. 1913): führender Architekt der japanischen Moderne, Ingenieur und Stadtplaner, bekannt vor allem durch seine Arbeit in japanischen Großstädten seit 1950 und die Gestaltung der halbmondförmig angelegten zukünftigen Hauptstadt Nigerias, Abuja.

Style rayonnant: Fensterrose, Nordteil des Querschiffs von Notre Dame, Paris, 1258

Tabernakel: Renaissanceschöpfung des florentinischen Bildhauers Desiderio da Settignano

Tapetentür: bündig in der Wandfläche liegende, möglichst unauffällige Zwischentür mit tapeziertem Türblatt.
Tatlin, Wladimir (1885–1953): russischer abstrakter Maler, Bildhauer, Theater- und Industriedesigner und visionärer Architekt, dessen grandioses Projekt eines Monuments für die Dritte Internationale (1919) ein Meilenstein des Konstruktivismus war.
Tatzenkreuz (3.06): Wappenbild.
Taufries (3.04): siehe Taustab.
Taukreuz (3.06, 3.09): Wappen-, Heroldsbild.
Taustab (3.02): tauartig gedrehtes Zierglied.
Teak: widerstandsfähiges, sehr hartes asiatisches Holz.
Teerpappe (2.08): Material zur Dachdeckung.
Telamon: siehe Atlant.
Telford, Thomas (1757–1834): sehr produktiver schottischer Ingenieur und Architekt, bahnbrechend auf dem Gebiet des Gußeisenbaus. Er baute Kirchen, Kanäle, Docks, Aquädukte und vor allem Brücken, etwa die Hängebrücke von Menai Straits (1819–26).

Tempel: ionischer Artemistempel, Ephesus, Kleinasien, ca. 300 v. Chr. von Dinokrates von Alexandria

Tempel (1.01, 1.03): Bezeichnung für einen nicht-christlichen Kultbau.
Tepidarium (1.02): lauwarmes Bad der römischen Thermen.
Terme (2.12): ornamentiertes, von einer Statue gekröntes Postament, auch Herme oder Grenzstein.
Terrasse: künstlich geebnete, nicht überdeckte Fläche an einem Gebäude.
Terrazzo: Fußbodenbelag aus Steinsplittern und einem Bindemittel.
Terry, Quinlan (geb. 1937): zeitgenössischer britischer Architekt des Neuklassizismus, bemerkenswert wegen seiner Landhäuser und des an der Themse gelegenen Gebäudekomplexes in Richmond (1984).
Tetrastylos (1.03): Tempel mit vier Säulen an einer Front.

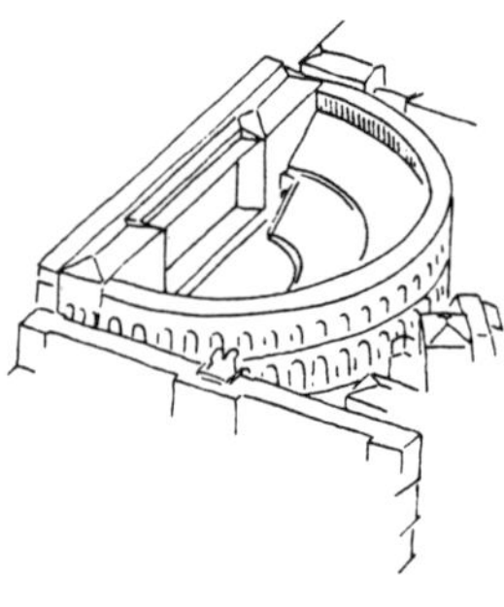
Theater: Balbustheater, Rom, 13 v. Chr.

Theater (1.02): Gebäude für die Darbietung von Schauspielen.
Thermen (1.02): öffentliche Bäder im antiken Rom.
Thermenfenster: halbkreisförmiges, durch zwei Pfosten geteiltes Fenster in römischen Thermen.
Tholos: griechischer Rundtempel mit umlaufendem Säulenkranz.
Thumb, Michael (gest. 1690): deutscher Architekt und Begründer der Vorarlberger Bauschule sowie einer Dynastie von Baumeistern mit bedeutenden Barock- und Rokokoschöpfungen in Süddeutschland.
Tierceron (2.07): Rippe 2. Grades des Rippengewölbes.
Toilette (1.14, 1.15): (Raum mit einem) Spülklosett.
Tonnendach (2.05): Dachform.
Tonnengewölbe (2.07): Gewölbeform.

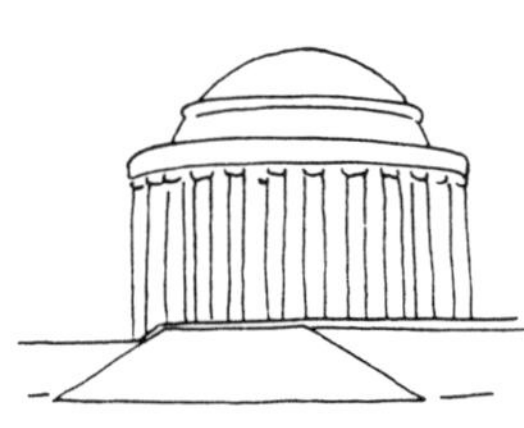
Tholos: Agora von Athen, vor 450 v. Chr.

Torhaus (1.07): Torbau einer Burg, oft mit der Wohnung des Torhüters oder anderen Räumen.
Torus (1.05): Wulst der attischen Basis.
Tragbalken (2.10): siehe Träger (a).
Träger: (a) tragender Balken, auf dem andere Bauteile liegen; (b) Tragwerk in der Dachkonstruktion.
Trägerfußblock: hölzerner Keil zur Sicherung von Stützen.
Tragmauer: Wand, die konstruktiv tragend ausgebildet ist.
Trakt: deutlich abgesetzter Gebäudeteil.
Tränen (3.08): Schildteilung.
Transept: siehe Querhaus.
Transitional: Übergangsstil zwischen Romanik und Gotik.
Traubenfries (3.03): Ornament.
Traufe (2.05): untere waagerechte Begrenzung des Daches.
Traufleiste: siehe Sima.

Travée: siehe Joch.
Traverse: in der Befestiungstechnik ein Querwall als Flankenschutz für die Truppen.
Treppe (1.14, 1.15, 2.11): aus Stufen gebildete Verbindung zweier oder mehrerer verschieden hoher Ebenen.
Treppenhaus: Ausbildung monumentaler Treppen als eigener Bauteil.
Treppenlauf (2.11): die ununterbrochene Stufenfolge zwischen zwei Geschossen oder Podesten.
Treppenschiene (2.11): Teil der Treppenstufe.
Triangulation: die Verwendung des gleichseitigen Dreiecks zur Festlegung konstruktiv wichtiger Punkte.
Triangulierung: Dreiecksversteifung.
Tribuna: Apsis einer römischen Markt- oder Gerichtsbasilika.
Tribüne: (a) Schauspiel- oder Rednerbühne; (b) siehe Empore.
Triforium (1.10): Gang zwischen den Arkaden oder Emporen und der Fensterzone einer Basilika.
Triglyphe (1.03, 1.05): Teil des Frieses der dorischen Ordnung.
Triklinium: (a) Speisezimmer des römischen Wohnhauses (1.01); (b) Speiseraum der Pilger im Kloster.
Trimetrische Axonometrie (3.10): Art der zeichnerischen Darstellung eines Objekts.
Trique(s)tra (3.05): Schildfigur.
Tristylos (1.03): dreisäulig.
Trittstufe (2.11): Teil der Treppe.
Triumphbogen: monumentaler Ehrenbogen zur Erinnerung an militärische Siege oder Tapferkeit, z. B. der Arc de Triomphe in Paris (1806–35).
Triumphsäule: mit Reliefbändern geschmückte Säule zu Ehren eines römischen Kaisers, z. B. die Trajanssäule in Rom (113 n. Chr.).
Trochilus (105): Hohlkehle der attischen Basis.
Trockenmauerwerk: ein ohne Mörtel errichtetes Mauerwerk.
Trompe (2.06, 2.07): Gewölbezwickel zur Überleitung von einem Quadrat zum Fußkreis eines Klostergewölbes oder einer Trompetenkuppel.
Trophäen: (a) Siegesdenkmal; (b) Kriegsembleme (Fahnen, Schilde, Schwerter), die an einem Siegesdenkmal angebracht sind.
Trumeau: (a) steinerner Fensterpfosten; (b) Wandspiegel am Fensterpfeiler.
Tudorblatt: dem Efeublatt ähnelndes Dekorationsmotiv der englischen Gotik.
Tudorbogen (2.13): Bogenform.
Tudorstil (siehe Zeittafel): englischer Baustil während der Tudorzeit, der sowohl durch die letzte Blüte des Perpendicular style als auch das Aufkommen romanischer Motive gekennzeichnet war, so bei King Henry VII's Chapel, Westminsiter Abbey (ab 1502) und Burghley House (1577–87, Detailgestaltung im Renaissancestil).
Tuff: von den Römern häufig benutzter Baustein aus vulkanischen Aschen.
Tür (2.16, 2.17): Durch- und Eingangsöffnung in Wänden und Mauern.
Türblatt: der bewegliche Verschluß einer Türöffnung.
Türblech (2.16): Vorrichtung zum Aufstoßen der Tür, damit auf Holz oder Anstrich keine Spuren hinterlassen werden.
Türdrücker (2.16): Form des Türöffners.
Türkette (2.16): Form des Türverschlusses.
Türknauf (2.16): Form des Türöffners.

Triumphbogen: Titusbogen, Rom, 82 n. Chr.

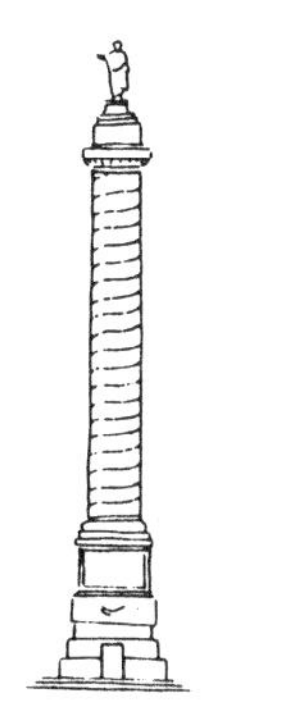
Triumphsäule: Säule für Marcus Aurelius, Rom, ca. 180 n. Chr.

Trophäen: Trajanstrophäen, Adamclisi, Rumänien, 109 n. Chr.

Tudorstil: Eingang zum Uhrenhof, Hampton Court, ca. 1520

Turm (1.07, 1.08): ein über verhältnismäßig kleiner Grundfläche errichtetes hohes Bauwerk mit meist viereckigem oder rundem Querschnitt, das zur Beobachtung, Kommunikation und Verteidigung dient.
Turnierkragen (3.09): Heroldsbild.
Türoberlicht (2.16): verglaste Fensteröffnung über einer Tür.
Türstock (2.16): fest mit dem Mauerwerk verbundener Rahmen einer Tür.
Tuskische Ordnung (1.04): eine der antiken römischen Säulenordnungen.
Tympanon: (a) Giebelfeld eines antiken Tempels (1.03); (b) Fläche innerhalb des Bogenfeldes über einem Portal (2.12).
Überfangbogen: siehe Entlastungsbogen.
Überlappende Schalung (2.04): Verschalungsart.
Überlattung (2.04): Schalungstechnik.
Überstabung (1.11): Durchdringung von Profilen, Stäben o. Ä. bei der Eckausbildung spätgotischer Fenster, Portale oder Nischen.
Umzug: siehe Inbord.
Unregelmäßiges Mischmauerwerk (2.01): Form des Mauerwerks.
Unregelmäßiges Schichtenmauerwerk (2.01): Form des Mauerwerks.
Untere Füllung (2.16): Teil der Tür.
Unterer Stützpfosten (2.10): Teil eines Fachwerks.
Unterrand (3.07): Teil des Wappenschilds.
Urdy (3.08): Wappenbild.
Vanbrugh, Sir John (1664–1726): englischer Offizier, Bühnenautor und führender Barockarchitekt. Ohne irgendeine formale Ausbildung wurde er erster Assistent bei Wren und baute dann zusammen mit Hawskmoor so prächtige Häuser für den Landadel wie Schloß Howard (1699–1726) und Schloß Blenheim (1705–22), Gebäude von kontinentaleuropäischem Zuschnitt, die in England beispiellos waren.
Vauban, Sébastien Le Prestre de (1633–1707): französischer Festungsbaumeister, Ingenieuroffizier und Marschall, der sich einen Namen in der Militärarchitektur machte. Verbesserte oder erbaute 160 Festungen und führte für Louis XIV. über 50 erfolgreiche Belagerungen durch. Erfand 1687 die Bastion mit Kasematte und ein Magazin für Schießpulver (Standard bis 1874). Gründete Frankreichs Ingenieurkorps (1690), die erste derartige Einrichtung der Neuzeit.
Velde, Henri van de (1863–1957): belgischer Maler und Jugendstilarchitekt. 1895 entwarf er für Bing's Kaufhaus in Paris L'Art Nouveau und ließ sich in Berlin nieder, wo sein neuer Stil sofort populär wurde. Baute in Weimar die Kunstschule (1904) und Kunstgewerbeschule (1907) neu auf, aus der sich das Bauhaus entwickelte.
Venezianischer Bogen (2.13): Bogenform.
Venezianisches Fenster: siehe Palladiomotiv.
Veranda (1.14): offener, manchmal auch verglaster Vorraum oder großer Balkon.
Verblender: siehe Blendstein.
Verblendung: Verkleidung einer einfachen Mauer mit schönerem oder besserem Material.
Verbundfenster (2.15): Fensterform.
Verdachung (1.03): vorspringendes Bauglied über einer Maueröffnung in Form eines Gesimses oder Giebels.
Verkehrt fallendes Karnies (3.02): S-förmig geschwungene Leiste.
Verkehrt steigendes Karnies (3.01: S-förmig geschwungene Leiste.
Verlies: meist unterirdisches, nur von oben zugängliches Gefängnis einer Burg.

Viadukt: Long Key, Florida, ca. 1890

Verschalung: siehe Schalung.
Verschobenes Feh (3.07): Schildmuster.
Verstädterte Zone: mehrere Ortschaften, die unkontrolliert zu einem stadtartigen Gebiet zusammengewachsen sind.
Verstellbarer Doppelhaken (2.02): Wandanker.
Verstrebtes Fachwerk: Form der Holzkonstruktion.
Vestibulum (1.01, 1.02): Vorraum eines Hauses.
Viadukt: aus einer Reihe von Bogen gebildete Brücke, die eine Straße, einen Kanal oder einen Schienenweg über eine Talsenke führt.
Vierblatt: (a) siehe Blatt; (b) Wappenbild (3.06).
Vierblattblume (3.03): Dekorationsmotiv.
Vierpaß (1.11): Figur des gotischen Maßwerks.
Viertelwendeltreppe (2.11): Treppenform.
Viertelstab (3.01, 3.02): Profilglied.
Vierung (1.09): der Raumteil einer Kirche, in dem sich Lang- und Querhaus durchdringen.
Vignette (3.04): Weinlaubfries.
Villa: (a) Landhaus der Antike und der Renaissance; (b) modernes großzügig angelegtes Einfamilienhaus.
Vitruvius Pollio, Marcus (Vitruv) (aktiv ca. 46–13 v. Chr.): unbedeutender römischer Architekt, dessen zehnbändige Abhandlung *De architectura*, das einzige aus der Antike erhaltene Werk dieser Art, in der Renaissance wiederentdeckt und zu einer unerschöpflichen Quelle klassischer Motive wurde.
Vogelperspektive (3.10): bestimmte Form der zeichnerischen Darstellung eines Objekts.
Vollfuge (2.02): Fugenart.
Volute (1.05, 2.04): Spiral- oder Schneckenform als Dekoration für Kapitelle, Giebel und Konsolen.
Vordach (2.16): vorspringendes Dach über einem Eingang.
Vorhalle (1.08, 1.09): Vorraum eines Gebäudes.
Vorschanze: siehe Ravelin.
Vorwerk: (a) vom Gehöft getrenntes landwirtschaftliches Gebäude: (b) Außenwerk eines Verteidigungssystems (1.07), siehe Barbakane.
Votivkapelle (1.09): auf Grund eines Gelübdes errichtete Kapelle, in der Messen für den Stifter gelesen werden.
Voute: Deckenkehle; konkav gerundeter Übergang zwischen Wand und Decke.
Wachtturm (1.07): Turm zur Überwachung eines Lagers oder einer Grenze.
Wake-Knoten (3.06): Wappenbild.
Walmdach (2.05): Dachform.
Walmgaube (2.14): Form des Dachfensters.
Wandanker (2.02): Metallvorrichtung zur zugsicheren Verbindung von Mauerwerk.
Wandpfeiler: siehe Pilaster.
Wandsäule (1.06): einer Wand vorgelagerte oder mit ihr konstruktiv verbundene Säule.
Wandstiel (2.09): Teil einer Dachkonstruktion.
Wandwange (2.11): die an der Wand verlaufene Wange einer Treppe.
Wange: seitlicher Abschluß einer Treppe, eines Chorgestühls oder eines offenen Kamins.
Wappen: auf einem Schild dargestellte Abzeichen einer Person, eines Geschlechts oder eines Gemeinwesens.
Wappenschilder (1.10): Erinnerungsmale für Verstorbene.

Wandpfeiler: Propyläen des Tempels von Baalbek, Libanon, ca. 249 n. Chr.

Waschküche (1.15): meist im Keller gelegener Raum zum Wäschewaschen.
Wasserblatt (1.06): ornamentale Form der mittelalterlichen Baukunst.
Wasserlaub-Kyma (3.04): Dekorationsmotiv.
Wasserspeier (1.08, 1.10): figürlich ausgeschmücktes Speirohr.
Webb, Philip Speakman (1831–1915): englischer Wohnhausarchitekt und Designer, Freund von William Morris und führender Kopf der Arts-and-Crafts-Bewegung. Für Morris schuf er in Bexley, Kent, das Red House (1859) und damit den Ausgangspunkt für einen rustikalen Landhausstil, dessen Hauptvertreter bis in die 1890er Jahre hinein Webb und Richard Norman Shaw (1831–1912) waren.
Wechselsparren (2.10): Teil einer Dachkonstruktion.
Wecken (3.09): Heroldsbild.
Wehrgang (1.07): Verteidigungsgang auf der Umfassungsmauer einer Burg oder Stadt.
Wehrmauer (1.07): Festungsmauer.
Weihwasserbecken (1.10): Gefäß zur Aufnahme von Weihwasser.
Weinlaubfries (3.04): ornamentierter Fries.
Weitsäulig: siehe Diastylos.
Wellblech (2.08): Material zur Dachdeckung.
Wellenband (3.03, 3.04): Dekorationsmotiv.
Wellendach (2.05): Dachform.
Wellenschnitt (3.08): heraldische Begrenzungslinie.
Wellkrampe (2.02): Form des Wandankers.
Wendefenster (2.15): Fensterform.
Wendeltreppe (2.11): Treppenform.
Werkstein: siehe Haustein.

Westwerk: Klosterkirche Corvey, Deutschland, 885

Westwerk: reich durchgebildeter Westbau bei frühmittelalterlichen Klosterkirchen.
Wetterfahne (1.08): drehbares, oft verziertes Blechstück auf Türmen oder Dachfirsten, das die Windrichtung anzeigt.
Wetterschenkel (2.14, 2.16): unterer Schenkel eines Fensterflügels oder einer Außentür.
Widerlager (2.12): Mauerwerk, das dem Seitenschub von Bogen oder Gewölben entgegenwirkt.
Wiederkreuz (3.06): Wappenbild.
Wilder Verband (2.03): Backsteinverband mit unregelmäßigem Fugenbild.
Wimperg: giebelartige Bekrönung gotischer Fenster und Portale.
Windeisen: Metallstangen zum Abhalten des Winddrucks auf Fenster mit Glasmalerei.
Windfeder: siehe Ortbrett.
Winkelanker-Bolzen: Ankerstein oder Metallklammer zur Verbindung von Mauerteilen auf Fundamentebene.
Winkelband: schräg angeordnetes, kürzeres Holz zwischen Ständer und Rähm oder Ständer und Pfette.
Winkelstoß: Verbindungsstelle zweier Konstruktionselemente an einer Ecke.
Wintergarten (1.14): mit großen Glasfenstern versehener Anbau eines Hauses, der sowohl der Pflege von Pflanzen als auch als Aufenthaltsraum dient.
Wirtel: siehe Schaftring.
Wölbziegel (2.12): meist keilförmiger Ziegelstein für sichtbar gemauerten Bogen.
Wölbziegelbogen: aus Wölbziegeln gemauerter Bogen.

Wolfszahnschnitt (3.08): heraldische Begrenzungslinie.
Wolkenfries (3.02): Ornament.
Wolkenkratzer: überdurchschnittlich hohes Gebäude; die Bezeichnung wird überwiegend für amerikanische Hochhäuser verwendet.
Wolkenschnitt (3.08): heraldische Begrenzungslinie.
Wren, Sir Christopher (1632–1723): herausragender englischer Baumeister, außerdem bedeutender Wissenschaftler und Parlamentsabgeordneter. 1665–66 begegnete er in Paris Bernini, Mansart und Le Vau. 1667 wurde er nach dem Großen Brand von London (1666) zum Sachverständigen für den Wiederaufbau bestellt, 1669 zum Generalinspektor der königlichen Bauten. Sein ausgeklügelter, detaillierter und erfindungsreicher Barockstil war ausgesprochen englisch, etwa bei der St.-Paul's-Kathedrale in London und über 30 weiteren Kirchenneubauten. Sein großartigster Profanbau war das Krankenhaus von Greenwich (ab 1696).
Wright, Frank Lloyd (1869–1959): schöpferischer und berühmtester Architekt der amerikanischen Moderne. Seine Laufbahn erstreckt sich von der Zeit bei Sullivan in Chicago bis zu den mächtigen Bauwerken der US-Nachkriegsarchitektur – von seinen zahlreichen frühen Chicagoer Einfamilienhäusern (z. B. Robie House, 1905) bis zu den Bürohochhäusern in Bartlesville, Oklahoma (1955). Um die Jahrhundertwende war er in Europa sehr einflußreich.
Wulst (3.01): Gesimsform.
Würfelfries (3.02, 3.03): Fries aus schachbrettartig angeordneten vor- und zurückspringenden Elementen.
Würfelkapitell (1.06): Form des Kapitells.
Wurmlinige Verzierung (2.01): Steinbearbeitung.
Xystos: Promenadenweg in den Gärten römischer Villen.
Zackenbogen (2.13): Bogenform.
Zackenfries (3.03): ornamentierter Fries.
Zahnschnitt: (a) aus Balkenköpfen abstrahierter Fries (3.03); (b) heraldische Begrenzungslinie (3.08).
Zange (2.09): Teil einer Dachkonstruktion, meist paarweise vorkommend.
Zapfen: siehe Nut und Zapfen.
Zelle: Aufenthalts- und Schlafraum eines Mönches im Kloster oder eines Gefangenen.
Zellenbeton: poröser Leichtbeton mit guter Isolierfähigkeit.
Zellkonstruktion: für Gebäude mit fortlaufenden Räumen geeignete Stahlbetonkonstruktion mit tragenden Kreuzwänden.
Zeltdach (2.05): siehe Pyramidendach.
Zement: Bindemittel für Estrich oder Mörtel.
Ziborium: siehe Baldachin (b).
Zickzackfries (3.03): ornamentierter Fries.
Ziegel: siehe Backstein.
Zierkamin (1.15): kaminförmiges Gebilde, das jedoch nicht als Feuerstelle genutzt werden kann und nur zur Dekoration dient.
Zierverband (2.03): Backsteinverband, der sich in erster Linie am äußeren Erscheinungsbild orientiert.
Zingel (1.07): Mantelmauer, Ringmauer einer Burg.
Zinne: Brustwehr an Stadtmauern, Wehrgängen und Beringen, später nur noch dekorative Mauerbekrönung.
Zinnenbord (3.09): Heroldsbild.
Zinnenfries (3.03): ornamentierter Fries.
Zinnenkranz (1.08): Folge von Zinnen auf einem Turm oder sonstigen Baukörper.

Zinnenschnitt (3.08): heraldische Begrenzungslinie.
Zinnenzacke (1.07): aufragender Teil einer Zinne.
Zirkelstreife (3.09): Heroldsbild.
Zisterzienserbaukunst: strenger romanischer Baustil des 1098 in Citeaux (Frankreich) gegründeten Zisterzienserordens, der sich rasch über ganz Europa verbreitete.
Zitadelle: besonders befestigte Hauptverteidigunganlage am Rande oder innerhalb einer Stadt.
Zugbrücke (1.07): Klapphochbrücke zum Verschluß von Burgtoren.
Zuschlag: Stoffe, etwa Kies oder Sand, die bei der Herstellung von Mörtel und Beton dem Bindemittel zugegeben werden.
Zweiflügelige Pendeltür (2.17): Türform.
Zweiflügelige Schiebetür (2.17): Türform.
Zweiläufige Treppe (2.11): Treppenform.
Zweischaliges Mauerwerk (2.02): Form des Mauerwerks.
Zwerggalerie (1.08): ein mit kleinen Säulen gegliederter Laufgang in der Außenmauer.
Zwiebelhaube (2.05): Form des Turmdaches.
Zwinger (1.07): der Bereich zwischen Vor- und Hauptmauer einer Burg oder Stadtbefestigung.
Zwischengeschoß-Dachkranz (2.05): Dachform.
Zyklopenmauerwerk (2.01): aus besonders großen, unregelmäßig geformten, aber gut gefügten Natursteinen bestehendes Mauerwerk.

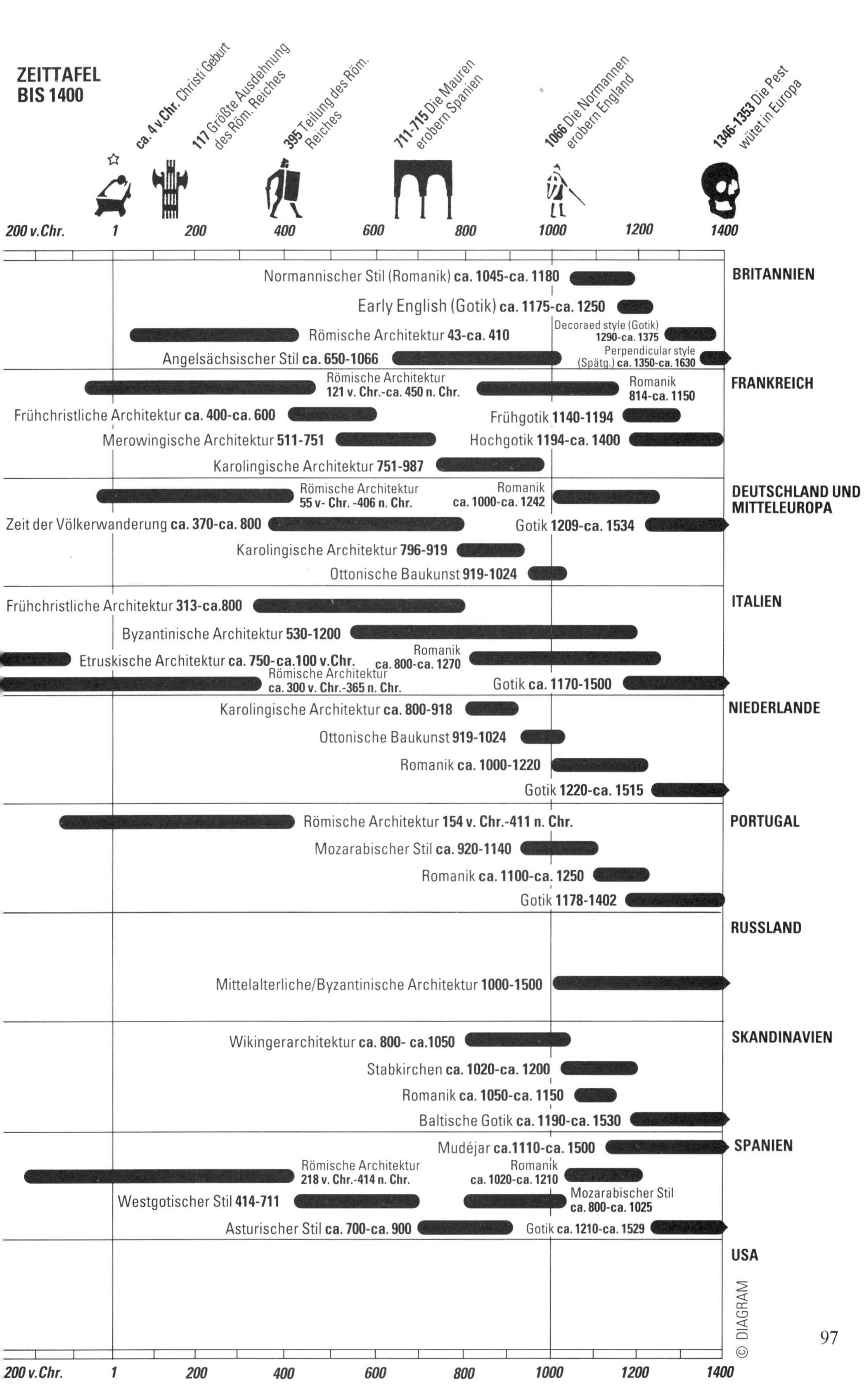
ZEITTAFEL
BIS 1400
ca. 4 v.Chr. Christi Geburt
117 Größte Ausdehnung des Röm. Reiches
395 Teilung des Röm. Reiches
711-715 Die Mauren erobern Spanien
1066 Die Normannen erobern England
1346-1353 Die Pest wütet in Europa
200 v.Chr.
1
200
400
600
800
1000
1200
1400
BRITANNIEN
Normannischer Stil (Romanik) ca. 1045-ca. 1180
Early English (Gotik) ca. 1175-ca. 1250
Römische Architektur 43-ca. 410
Decoraed style (Gotik) 1290-ca. 1375
Angelsächsischer Stil ca. 650-1066
Perpendicular style (Spätg.) ca. 1350-ca. 1630
FRANKREICH
Römische Architektur 121 v. Chr.-ca. 450 n. Chr.
Romanik 814-ca. 1150
Frühchristliche Architektur ca. 400-ca. 600
Frühgotik 1140-1194
Merowingische Architektur 511-751
Hochgotik 1194-ca. 1400
Karolingische Architektur 751-987
DEUTSCHLAND UND MITTELEUROPA
Römische Architektur 55 v- Chr. -406 n. Chr.
Romanik ca. 1000-ca. 1242
Zeit der Völkerwanderung ca. 370-ca. 800
Gotik 1209-ca. 1534
Karolingische Architektur 796-919
Ottonische Baukunst 919-1024
ITALIEN
Frühchristliche Architektur 313-ca.800
Byzantinische Architektur 530-1200
Etruskische Architektur ca. 750-ca.100 v.Chr.
Romanik ca. 800-ca. 1270
Römische Architektur ca. 300 v. Chr.-365 n. Chr.
Gotik ca. 1170-1500
NIEDERLANDE
Karolingische Architektur ca. 800-918
Ottonische Baukunst 919-1024
Romanik ca. 1000-1220
Gotik 1220-ca. 1515
PORTUGAL
Römische Architektur 154 v. Chr.-411 n. Chr.
Mozarabischer Stil ca. 920-1140
Romanik ca. 1100-ca. 1250
Gotik 1178-1402
RUSSLAND
Mittelalterliche/Byzantinische Architektur 1000-1500
SKANDINAVIEN
Wikingerarchitektur ca. 800- ca.1050
Stabkirchen ca. 1020-ca. 1200
Romanik ca. 1050-ca. 1150
Baltische Gotik ca. 1190-ca. 1530
SPANIEN
Mudéjar ca.1110-ca. 1500
Römische Architektur 218 v. Chr.-414 n. Chr.
Romanik ca. 1020-ca. 1210
Westgotischer Stil 414-711
Mozarabischer Stil ca. 800-ca. 1025
Asturischer Stil ca. 700-ca. 900
Gotik ca. 1210-ca. 1529
USA
© DIAGRAM
200 v.Chr.
1
200
400
600
800
1000
1200
1400

ZEITTAFEL 1400-1800

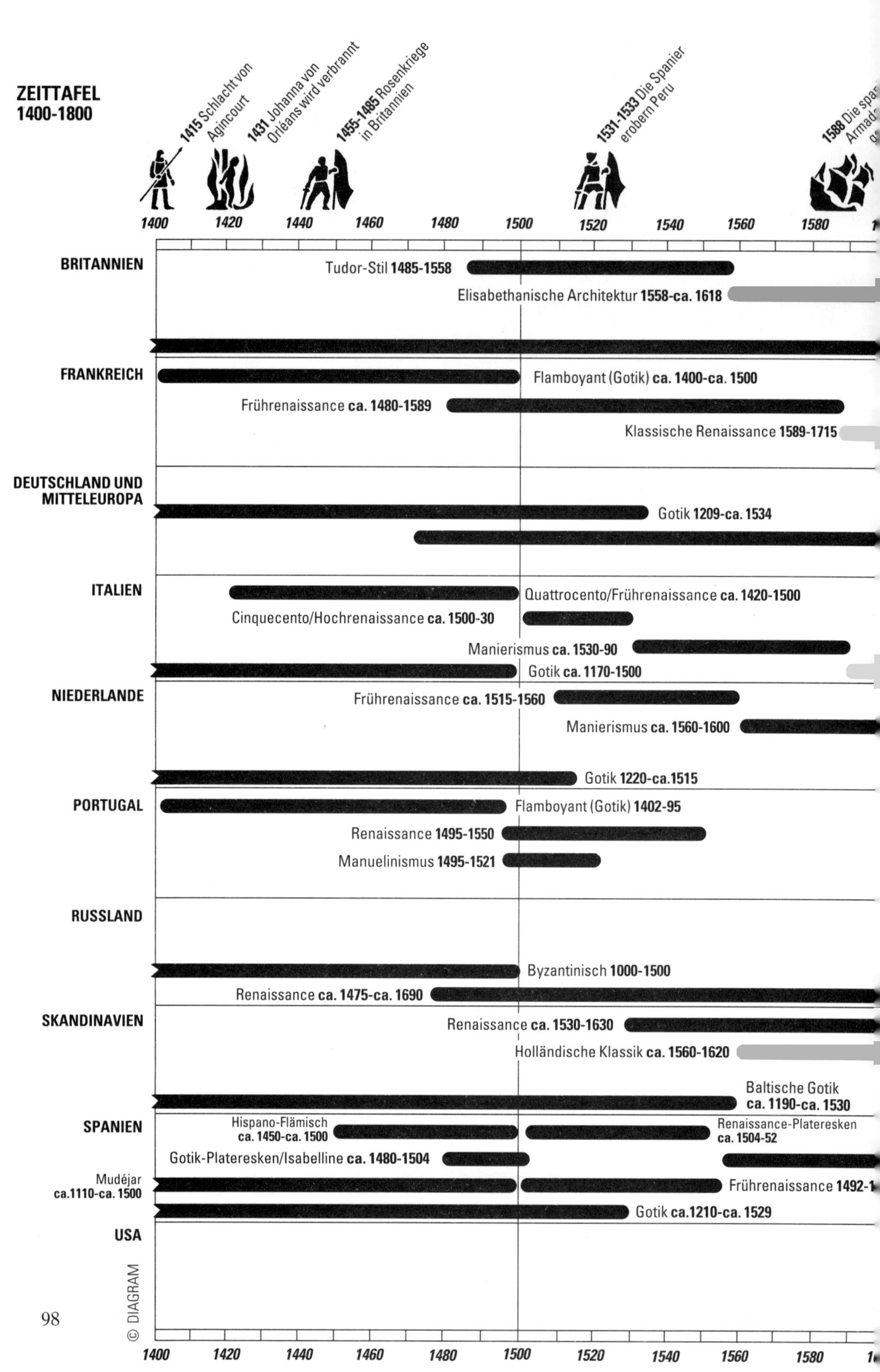

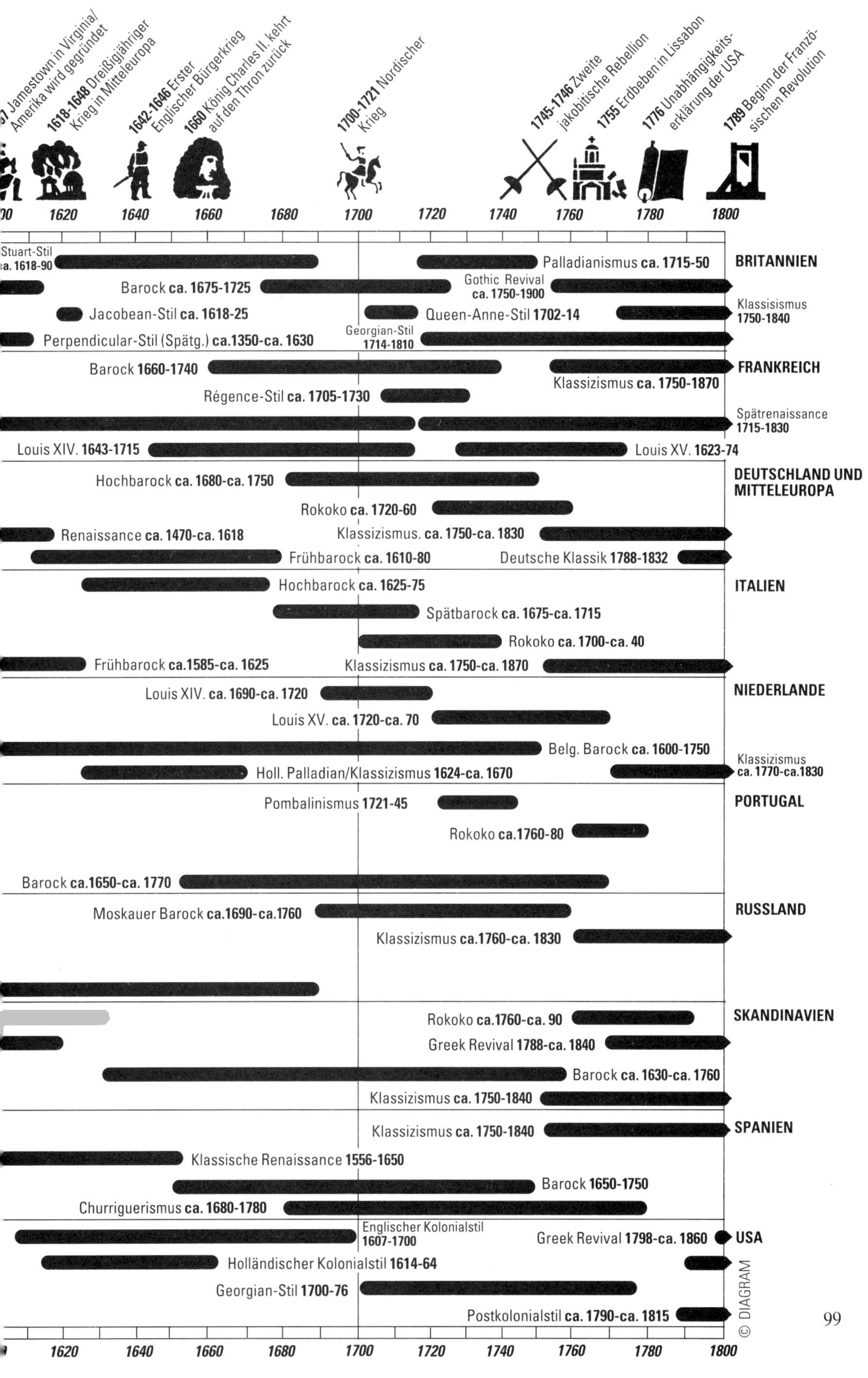

Jamestown in Virginia/ Amerika wird gegründet
1618-1648 Dreißigjähriger Krieg in Mitteleuropa
1642-1646 Erster Englischer Bürgerkrieg
1660 König Charles II. kehrt auf den Thron zurück
1700-1721 Nordischer Krieg
1745-1746 Zweite jakobitische Rebellion
1755 Erdbeben in Lissabon
1776 Unabhängigkeitserklärung der USA
1789 Beginn der Französischen Revolution
1620 1640 1660 1680 1700 1720 1740 1760 1780 1800
BRITANNIEN
Stuart-Stil ca. 1618-90
Palladianismus ca. 1715-50
Barock ca. 1675-1725
Gothic Revival ca. 1750-1900
Jacobean-Stil ca. 1618-25
Queen-Anne-Stil 1702-14
Klassisismus 1750-1840
Perpendicular-Stil (Spätg.) ca.1350-ca. 1630
Georgian-Stil 1714-1810
FRANKREICH
Barock 1660-1740
Klassizismus ca. 1750-1870
Régence-Stil ca. 1705-1730
Spätrenaissance 1715-1830
Louis XIV. 1643-1715
Louis XV. 1623-74
DEUTSCHLAND UND MITTELEUROPA
Hochbarock ca. 1680-ca. 1750
Rokoko ca. 1720-60
Renaissance ca. 1470-ca. 1618
Klassizismus. ca. 1750-ca. 1830
Frühbarock ca. 1610-80
Deutsche Klassik 1788-1832
ITALIEN
Hochbarock ca. 1625-75
Spätbarock ca. 1675-ca. 1715
Rokoko ca. 1700-ca. 40
Frühbarock ca.1585-ca. 1625
Klassizismus ca. 1750-ca. 1870
NIEDERLANDE
Louis XIV. ca. 1690-ca. 1720
Louis XV. ca. 1720-ca. 70
Belg. Barock ca. 1600-1750
Klassizismus ca. 1770-ca.1830
Holl. Palladian/Klassizismus 1624-ca. 1670
PORTUGAL
Pombalinismus 1721-45
Rokoko ca.1760-80
Barock ca.1650-ca. 1770
RUSSLAND
Moskauer Barock ca.1690-ca.1760
Klassizismus ca.1760-ca. 1830
SKANDINAVIEN
Rokoko ca.1760-ca. 90
Greek Revival 1788-ca. 1840
Barock ca. 1630-ca. 1760
Klassizismus ca. 1750-1840
SPANIEN
Klassizismus ca. 1750-1840
Klassische Renaissance 1556-1650
Barock 1650-1750
Churriguerismus ca. 1680-1780
USA
Englischer Kolonialstil 1607-1700
Greek Revival 1798-ca. 1860
Holländischer Kolonialstil 1614-64
Georgian-Stil 1700-76
Postkolonialstil ca. 1790-ca. 1815
© DIAGRAM
1620 1640 1660 1680 1700 1720 1740 1760 1780 1800

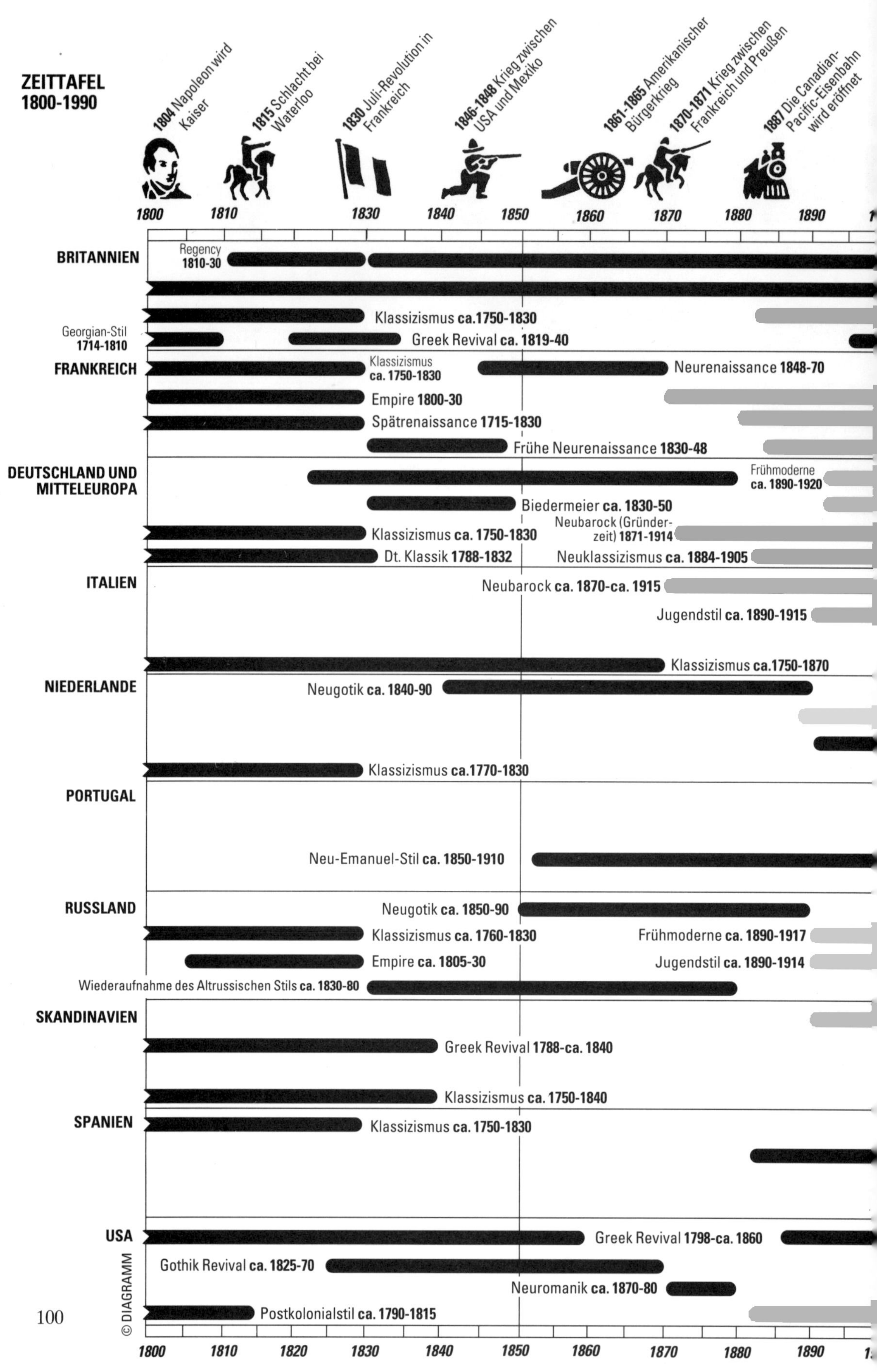

ZEITTAFEL 1800-1990
1804 Napoleon wird Kaiser
1815 Schlacht bei Waterloo
1830 Juli-Revolution in Frankreich
1846-1848 Krieg zwischen USA und Mexiko
1861-1865 Amerikanischer Bürgerkrieg
1870-1871 Krieg zwischen Frankreich und Preußen
1887 Die Canadian-Pacific-Eisenbahn wird eröffnet
1800 1810 1830 1840 1850 1860 1870 1880 1890
BRITANNIEN
Regency 1810-30
Klassizismus ca.1750-1830
Georgian-Stil 1714-1810
Greek Revival ca. 1819-40
FRANKREICH
Klassizismus ca. 1750-1830
Neurenaissance 1848-70
Empire 1800-30
Spätrenaissance 1715-1830
Frühe Neurenaissance 1830-48
DEUTSCHLAND UND MITTELEUROPA
Frühmoderne ca. 1890-1920
Biedermeier ca. 1830-50
Neubarock (Gründerzeit) 1871-1914
Klassizismus ca. 1750-1830
Dt. Klassik 1788-1832
Neuklassizismus ca. 1884-1905
ITALIEN
Neubarock ca. 1870-ca. 1915
Jugendstil ca. 1890-1915
Klassizismus ca.1750-1870
NIEDERLANDE
Neugotik ca. 1840-90
Klassizismus ca.1770-1830
PORTUGAL
Neu-Emanuel-Stil ca. 1850-1910
RUSSLAND
Neugotik ca. 1850-90
Klassizismus ca. 1760-1830
Frühmoderne ca. 1890-1917
Empire ca. 1805-30
Jugendstil ca. 1890-1914
Wiederaufnahme des Altrussischen Stils ca. 1830-80
SKANDINAVIEN
Greek Revival 1788-ca. 1840
Klassizismus ca. 1750-1840
SPANIEN
Klassizismus ca. 1750-1830
USA
Greek Revival 1798-ca. 1860
Gothik Revival ca. 1825-70
Neuromanik ca. 1870-80
Postkolonialstil ca. 1790-1815
© DIAGRAMM
1800 1810 1820 1830 1840 1850 1860 1870 1880 1890

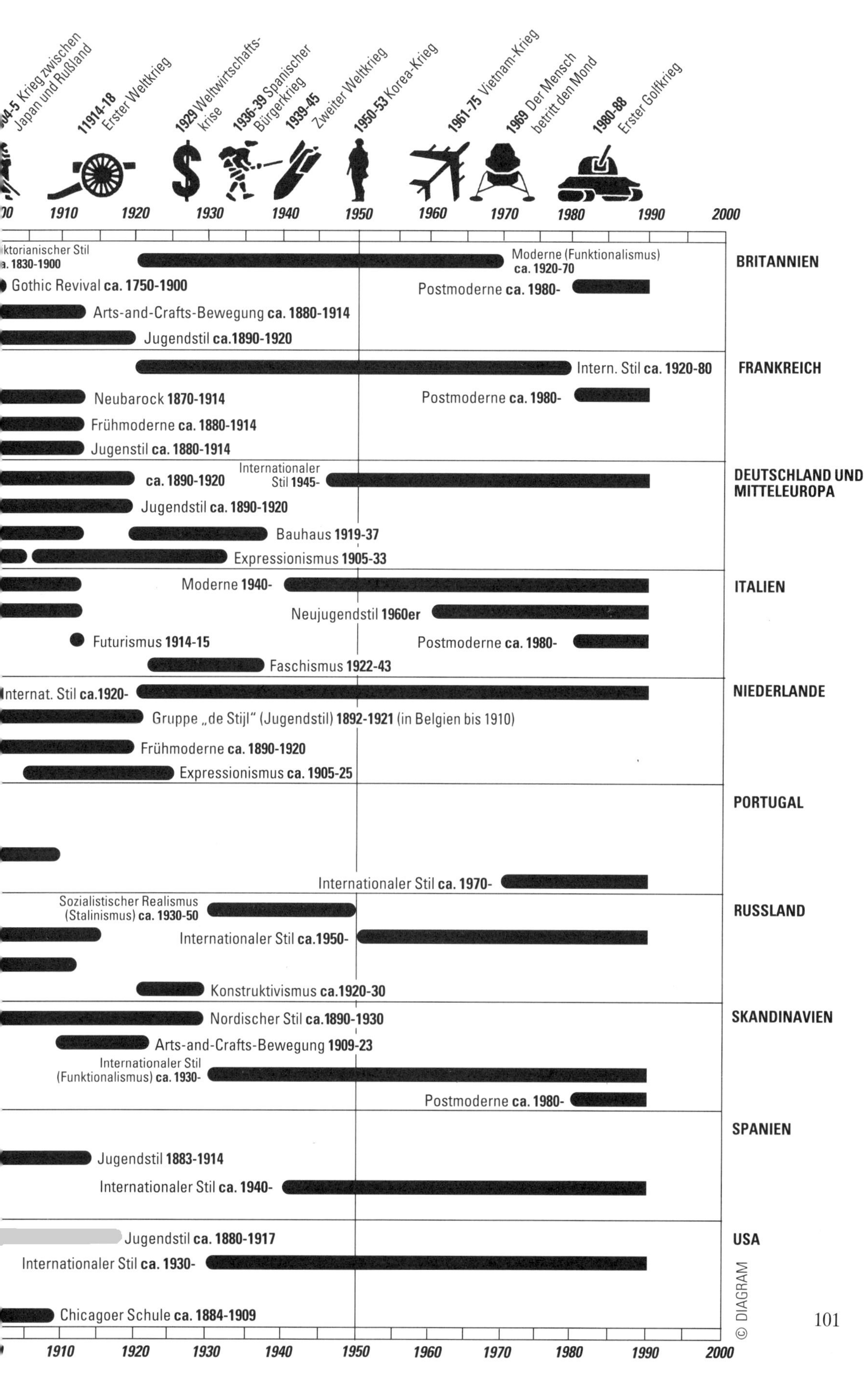

04-5 Krieg zwischen Japan und Rußland
1914-18 Erster Weltkrieg
1929 Weltwirtschafts-krise
1936-39 Spanischer Bürgerkrieg
1939-45 Zweiter Weltkrieg
1950-53 Korea-Krieg
1961-75 Vietnam-Krieg
1969 Der Mensch betritt den Mond
1980-88 Erster Golfkrieg
1910 1920 1930 1940 1950 1960 1970 1980 1990 2000
BRITANNIEN
ktorianischer Stil a. 1830-1900
Moderne (Funktionalismus) ca. 1920-70
Gothic Revival ca. 1750-1900
Postmoderne ca. 1980-
Arts-and-Crafts-Bewegung ca. 1880-1914
Jugendstil ca.1890-1920
FRANKREICH
Intern. Stil ca. 1920-80
Neubarock 1870-1914
Postmoderne ca. 1980-
Frühmoderne ca. 1880-1914
Jugenstil ca. 1880-1914
DEUTSCHLAND UND MITTELEUROPA
ca. 1890-1920
Internationaler Stil 1945-
Jugendstil ca. 1890-1920
Bauhaus 1919-37
Expressionismus 1905-33
ITALIEN
Moderne 1940-
Neujugendstil 1960er
Futurismus 1914-15
Postmoderne ca. 1980-
Faschismus 1922-43
NIEDERLANDE
Internat. Stil ca.1920-
Gruppe „de Stijl" (Jugendstil) 1892-1921 (in Belgien bis 1910)
Frühmoderne ca. 1890-1920
Expressionismus ca. 1905-25
PORTUGAL
Internationaler Stil ca. 1970-
RUSSLAND
Sozialistischer Realismus (Stalinismus) ca. 1930-50
Internationaler Stil ca.1950-
Konstruktivismus ca.1920-30
SKANDINAVIEN
Nordischer Stil ca.1890-1930
Arts-and-Crafts-Bewegung 1909-23
Internationaler Stil (Funktionalismus) ca. 1930-
Postmoderne ca. 1980-
SPANIEN
Jugendstil 1883-1914
Internationaler Stil ca. 1940-
USA
Jugendstil ca. 1880-1917
Internationaler Stil ca. 1930-
Chicagoer Schule ca. 1884-1909
1910 1920 1930 1940 1950 1960 1970 1980 1990 2000

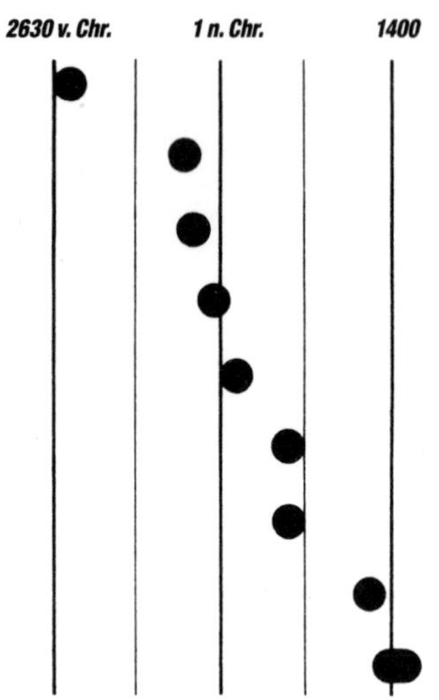

2630 v. Chr. – 1400 n. Chr.

1 **Imhotep** aktiv ca. 2630–2611 v. Chr.
Ägypten; Pyramiden des Alten Reiches

2 **Kallikrates** aktiv 449–425 v. Chr.
Athen; Dorischer und Ionischer Stil

3 **Iktinos** aktiv ca. 447–425 v. Chr.
Griechenland; Dorischer und Ionischer Stil

4 **Marcus Vitruvius Pollio** aktiv 46–ca. 13 v. Chr.
Italien; Römische Architektur

5 **Apollodorus von Damaskus** aktiv ca. 98–ca. 130
Römisches Reich; Römische Architektur

6 **Anthemius von Tralles** aktiv 532–37
Konstantinopel; Byzanthinische Architektur

7 **Isidor von Milet** aktiv 532–37
Konstantinopel; Byzanthinische Architektur

8 **Arnolfo di Cambio** ca. 1245–1302
Florenz 1266–1302; Gotik

9 **Filippo Brunelleschi** 1377–1446
Florenz 1404–46; Frührenaissance

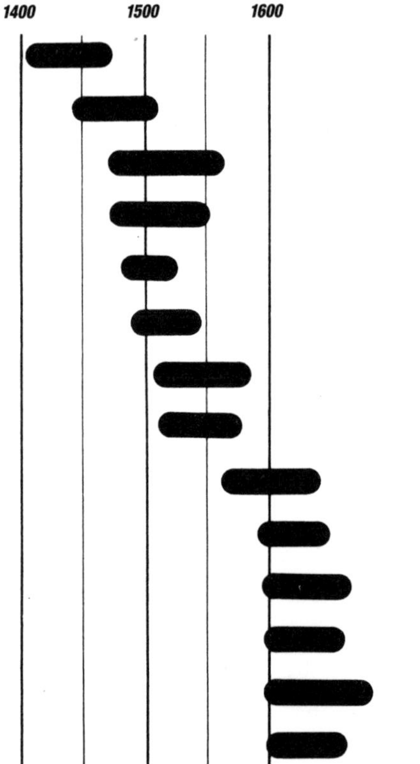

1400–1600

1 **Leon Battista Alberti** 1404–72
Rom, Rimini, Florenz, Mantua 1446–72; Frührenaissance

2 **Donato Bramante** 1444–1514
Mailand, Pavia, Rom, ca. 1479–1514; Hochrenaissance

3 **Michelangelo Buonarotti** 1475–1564
Rom, Florenz 1514–64; Hochrenaissance, Manierismus

4 **Sebastian Serlio** 1475–1554
Rom, Venedig, Frankreich 1514–51; Hochrenaissance

5 **Raffael (Raffaelo Sanzio)** 1483–1520
Rom 1509–20; Hochrenaissance

6 **Giulio Romano** 1492/9–1546
Rom, Mantua 1521–46; Hochrenaissance

7 **Andrea Palladio** 1508–80
Vicenza, Veneto 1540–80; Palladianismus

8 **Philibert Delorme** 1510/15–70
Frankreich 1536–70; Frührenaissance

9 **Inigo Jones** 1573–1652
England, Wales 1608–ca. 49; Stuartstil

10 **Jacob van Campen** 1595–1657
Amsterdam, Haarlem 1637–57; Palladianismus

11 **Pietro Berrettini da Cortona** 1596–1669
Rom 1626–69; Hochbarock

12 **Francois Mansart** 1598–1666
Frankreich 1623–55; Klassische Renaissance

13 **Gianlorenzo Bernini** 1598–1680
Rom 1624–ca. 74; Hochbarock

14 **Francesco Borromini** 1599–1667
Rom 1633–67; Hochbarock

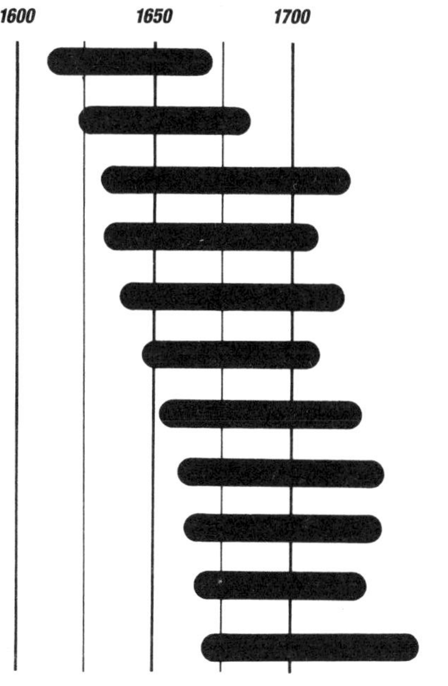

1600–1670

1 **Louis Le Vau** 1612–70
Paris, Vaux-le-Vicomte, Versailles ca. 1640–70; Klassische Renaissance, Barock

2 **Guarino Guarini** 1624–83
Italien, Paris, Lissabon, Prag, Wien 1641–83; Barock

3 **Sir Christopher Wren** 1632–1723
Oxford, Cambridge, London 1662–1714; Barock

4 **Sébstien le Prestre Vauban** 1633–1707
Frankreich, Niederlande, Piedmont, Deutschland 1664–1701; Barocke Militärarchitektur

5 **Carlo Fontana** 1638–1714
Rom, Genua, Ravenna, Loyola (Spanien) 1662–1708; Barock

6 **Jules Hardouin-Mansart** 1646–1708
Frankreich 1674–1708; Barock

7 **Johann Bernhard Fischer von Erlach** 1656–1723
Österreich, Tschechoslowakei, Polen 1687–1723; Barock

8 **Nicholas Hawksmoor** 1661–1736
England ca. 1679–1736; Barock

9 **Matthäus Daniel Pöppelmann** 1662–1736
Sachsen ca. 1685–1736; Barock

10 **Sir John Vanbrugh** 1664–1726
England 1699–1726; Barock

11 **Johann Lukas von Hildebrandt** 1668–1745
Österreich, Böhmen, Ungarn, Deutschland 1697–1737; Barock

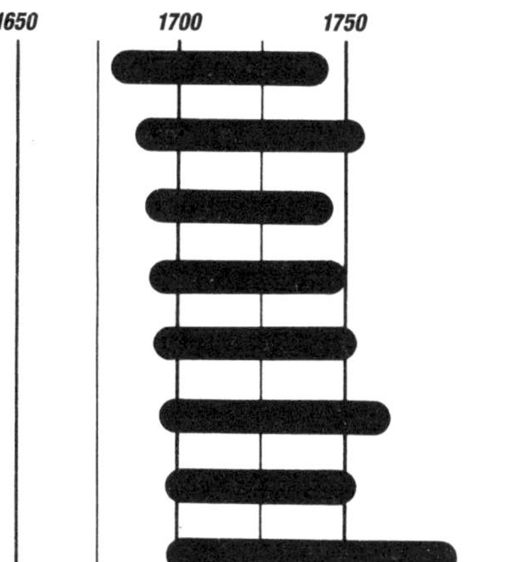

1670–1700

1 **Thomas Archer** 1678–1743
England 1703–30; Barock/Palladianismus

2 **James Gibbs** 1682–1754
England, Irland 1711–49; Manierismus/Barock

3 **William Kent** 1685–1748
England ca. 1724–48; Palladianismus

5 **Cosmas Damian Asam** 1686–1739 und
Egid Quirin Asam 1692–1750
Bayern 1714–41; Rokoko

6 **Johann Michael Fischer** 1692–1766
Süddeutschland ca. 1727–66; Rokoko

7 **Richard Boyle, 3. Earl von Burlington** 1694–1753
England 1717–32; Palladianismus

8 **Ange-Jacques Gabriel** 1698–1782
Frankreich 1728–68; Klassizismus

Anmerkung: Die Zahlen hinter den Namen des Architekten geben seine Lebensspanne an. In der zweiten Zeile werden zuerst das Land oder der Ort genannt, wo sich seine Hauptwerke befinden, sodann seine Schaffenszeit und der Stil, in dem er hauptsächlich gearbeitet hat.

GROSSE ARCHITEKTEN 1700–1900

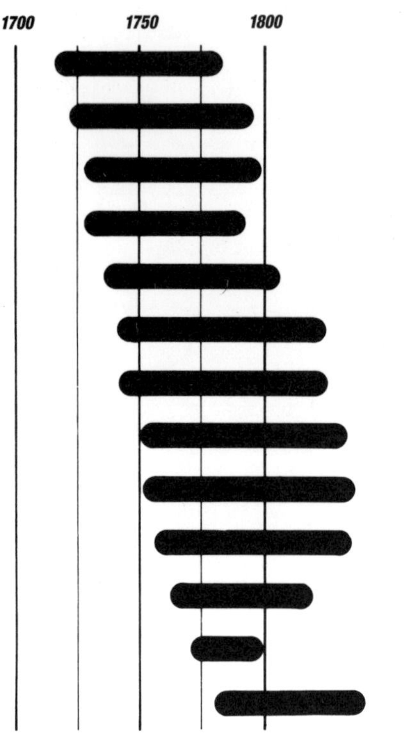

1700–1800

1 **Lancelot (Capability) Brown** 1716–83
England, Irland 1740–78; Palladianismus

2 **Sir William Chambers** 1723–96
Großbritannien, Irland 1755–86; Palladianismus/Klassizismus

3 **Étienne-Louis Boulée** 1728–99
Frankreich 1762–99; Klassizismus

4 **Robert Adam** 1728–92
Großbritannien, Irland 1750–92; Klassizismus

5 **Claude-Nicholas Ledoux** 1736–1806
Frankreich 1766–92; Klassizismus

6 **George Dance der Jüngere** 1741–1825
England, Irland 1761–1813; Klassizismus/Gothic Revival

7 **Thomas Jefferson** 1743–1826
Virginia, Washington, DC 1769–1826; Jefferson-Klassizismus

8 **John Nash** 1752–1835
England, Wales, Irland 1778–1832; Klassizismus/Gothic Revival/Regency

9 **Sir John Soane** 1753–1837
England, Irland ca. 1780–1828; Klassizismus

10 **Thomas Telford** 1757–1834
Großbritannien, Schweden 1780–1831; Klassizismus/Industrie-Architektur

11 **Benjamin Henry Latrobe** 1764–1820
England, USA vor 1796–1820; Greek und Gothic Revival

12 **Friedrich Gilly** 1772–1800
Preußen 1794–1800; Neugotik/Klassizismus

13 **Karl Friedrich Schinkel** 1781–1841
Preußen 1810–38; Klassizismus/Neugotik/Neuromanik

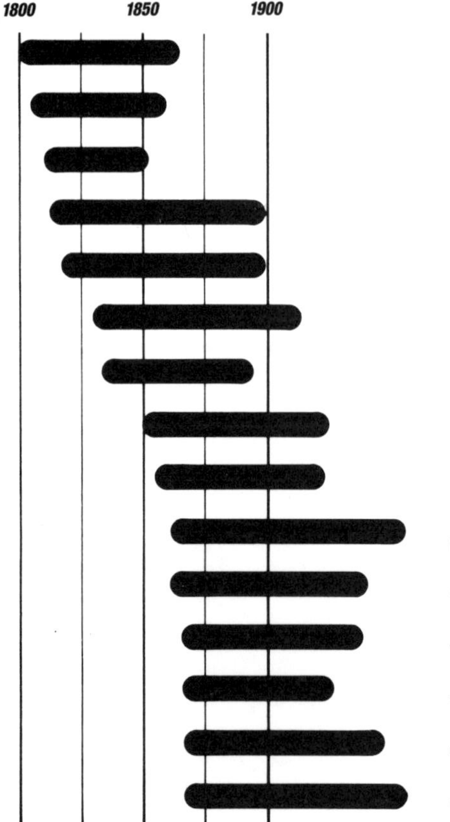

1800–1870

1 **Sir Joseph Paxton** 1801–65
England, Frankreich, Irland, New York 1836–65; Viktorianische Industrie-Architektur

2 **Isambard Kingdom Brunel** 1806–59
England, Wales, Irland, Italien 1825–59; Viktorianische Industrie-Architektur

3 **Augustus Welby Pugin** 1812–52
England, Irland, Frankreich 1836–51; Neugotik

4 **William Butterfield** 1814–1900
England 1844–92; Gothic Revival

5 **John Ruskin** 1819–1900
England 1849–53; Gothic Revival

6 **Philip Speakman Webb** 1831–1915
England 1859–1901; Arts-and-Crafts

7 **William Morris** 1834–96
England 1856–96; Arts-and-Crafts

8 **Antoni y Cornet Gaudi** 1852–1926
Barcelona 1878–1926; Jugendstil, Expressionismus

9 **Louis Henry Sullivan** 1856–1924
USA 1873–1924; Chicagoer Schule

10 **Henri van de Velde** 1863–1957
Belgien, Paris, Deutschland, Holland 1895–1954; Jugendstil

11 **Charles Robert Ashbee** 1863–1942
England 1887–1911; Arts-and-Crafts

12 **Peter Behrens** 1868–1940
Deutschland, St. Petersburg, Österreich, Northampton 1899–1936; Jugendstil

13 **Charles Rennie Mackintosh** 1868–1928
Schottland, Northampton 1889–1914; Jugendstil

14 **Tony Garnier** 1869–1948
Lyon, Boulogne-Brillancourt 1898–1935; Internationaler Stil

15 **Frank Lloyd Wright** 1869–1959
USA, Tokio 1893–1956; »Prärie-Schule«/Internationaler Stil

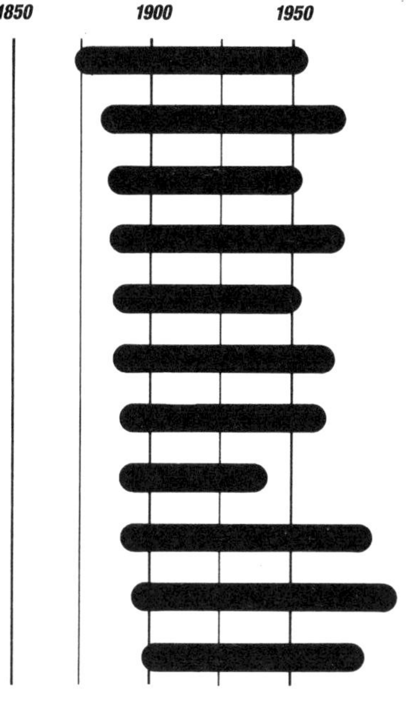

1870–1900

1 **Auguste Perret** 1874–1954
Frankreich, Casablanca 1903–50; Jugendstil/Klassizismus/Internationaler Stil

2 **Walter Gropius** 1883–1969
Europa, USA 1906–69; Internationaler Stil/Bauhaus

3 **Wladimir Tatlin** 1885–1953
Rußland 1913–22; Konstruktivismus

4 **Ludwig Mies van der Rhohe** 1886–1969
Europa, USA 1901–69; Bauhaus/Internationaler Stil

5 **Erich Mendelsohn** 1887–1953
Deutschland, England, Palästina, USA 1912–53; Expressionismus/Internationaler Stil

6 **Le Corbusier** 1887–1965
Schweiz, Frankreich, Rio, New York, Harvard, Indien, Deutschland, Tokio 1912–64

7 **Jacobus Johannes Pieter Oud** 1890–1963
Holland 1916–63; de Stijl/»Beton-Rokoko«

8 **Eliezer Markowitsch Lissitzky** 1890–1941
Rußland, Deutschland 1919–30; Konsrtuktivismus

9 **Pier Luigi Nervi** 1891–1979
Italien, Paris, Caracas, Montreal, Sydney, USA 1913–79; Moderne

10 **Ove Arup** 1895–1988
England, Sydney 1930–88; Internationaler Stil

11 **Hugo Alvar Henrik Aalto** 1898–1976
Finnland, USA, Bagdad, Deutschland, Bologna, Iran 1921–72; Moderne

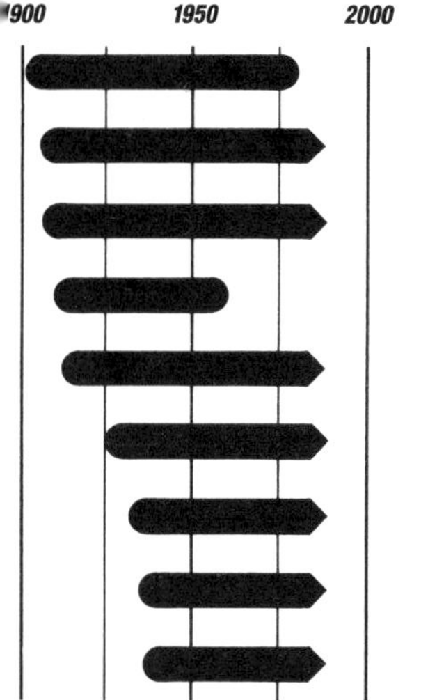

1900–1990

1 **Marcel Lajos Breuer** 1902–81
Deutschland, Schweiz, England, USA, Frankreich, Rotterdam 1928–68; Moderne

2 **Philip Cortelyou Johnson** geb. 1906
USA 1932–; Internationaler Stil/Postmoderne

3 **Oscar Niemeyer** geb. 1907
Brasilien, New York, Berlin, Frankreich 1934–; Internationaler Stil

4 **Eero Saarinen** 1910–61
USA, Oslo, London 1936–61; Internationaler Stil

5 **Kenzo Tange** geb. 1913
Japan, Nigeria 1946–; Internationaler Stil

6 **James Stirling** geb. 1926
Großbritannien, Deutschland, USA 1950–; Moderne/Brutalismus/Postmoderne

7 **Richard Rogers** geb. 1933
Großbritannien, Frankreich, Princeton, NJ 1963–; Moderne/High-Tech

8 **Sir Norman Foster** geb. 1935
England, Hongkong 1963–; High-Tech

9 **Quinlan Terry** geb. 1937
England 1960–; Neuklassizismus

Anmerkung: Die Zahlen hinter den Namen des Architekten geben seine Lebensspanne an. In der zweiten Zeile werden zuerst das Land oder der Ort genannt, wo sich seine Hauptwerke befinden, sodann seine Schaffenszeit und der Stil, in dem er hauptsächlich gearbeitet hat.

ORTE MIT DEN WICHTIGSTEN BAUWERKEN
GRIECHISCH, HELLENISTISCH UND RÖMISCH

Orte, wo griechische oder hellenistische Werke am wichtigsten sind, sind kursiv gesetzt.

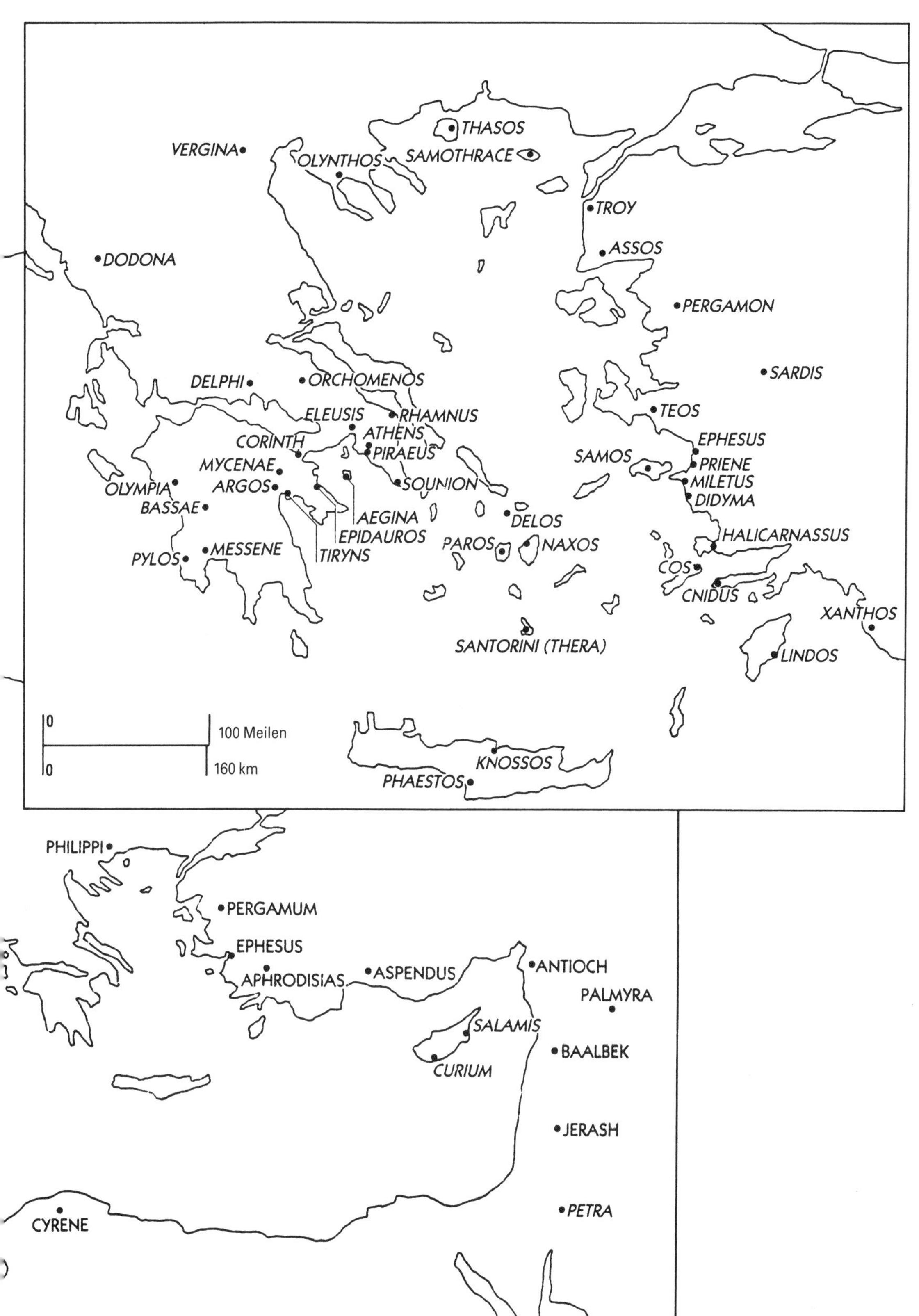

VERGINA
OLYNTHOS
THASOS
SAMOTHRACE
TROY
ASSOS
DODONA
PERGAMON
SARDIS
DELPHI
ORCHOMENOS
ELEUSIS
RHAMNUS
TEOS
ATHENS
CORINTH
PIRAEUS
EPHESUS
SAMOS
PRIENE
MYCENAE
MILETUS
OLYMPIA
ARGOS
SOUNION
DIDYMA
BASSAE
DELOS
AEGINA
EPIDAUROS
HALICARNASSUS
PAROS
NAXOS
PYLOS
MESSENE
TIRYNS
COS
CNIDUS
XANTHOS
SANTORINI (THERA)
LINDOS
0
100 Meilen
0
160 km
KNOSSOS
PHAESTOS
PHILIPPI
PERGAMUM
EPHESUS
ANTIOCH
APHRODISIAS
ASPENDUS
PALMYRA
SALAMIS
BAALBEK
CURIUM
JERASH
PETRA
CYRENE

ORTE MIT DEN WICHTIGSTEN BAUWERKEN
ROMANIK

ORTE MIT DEN WICHTIGSTEN BAUWERKEN
GOTIK

ORTE MIT DEN WICHTIGSTEN BAUWERKEN
ITALIENISCHE RENAISSANCE

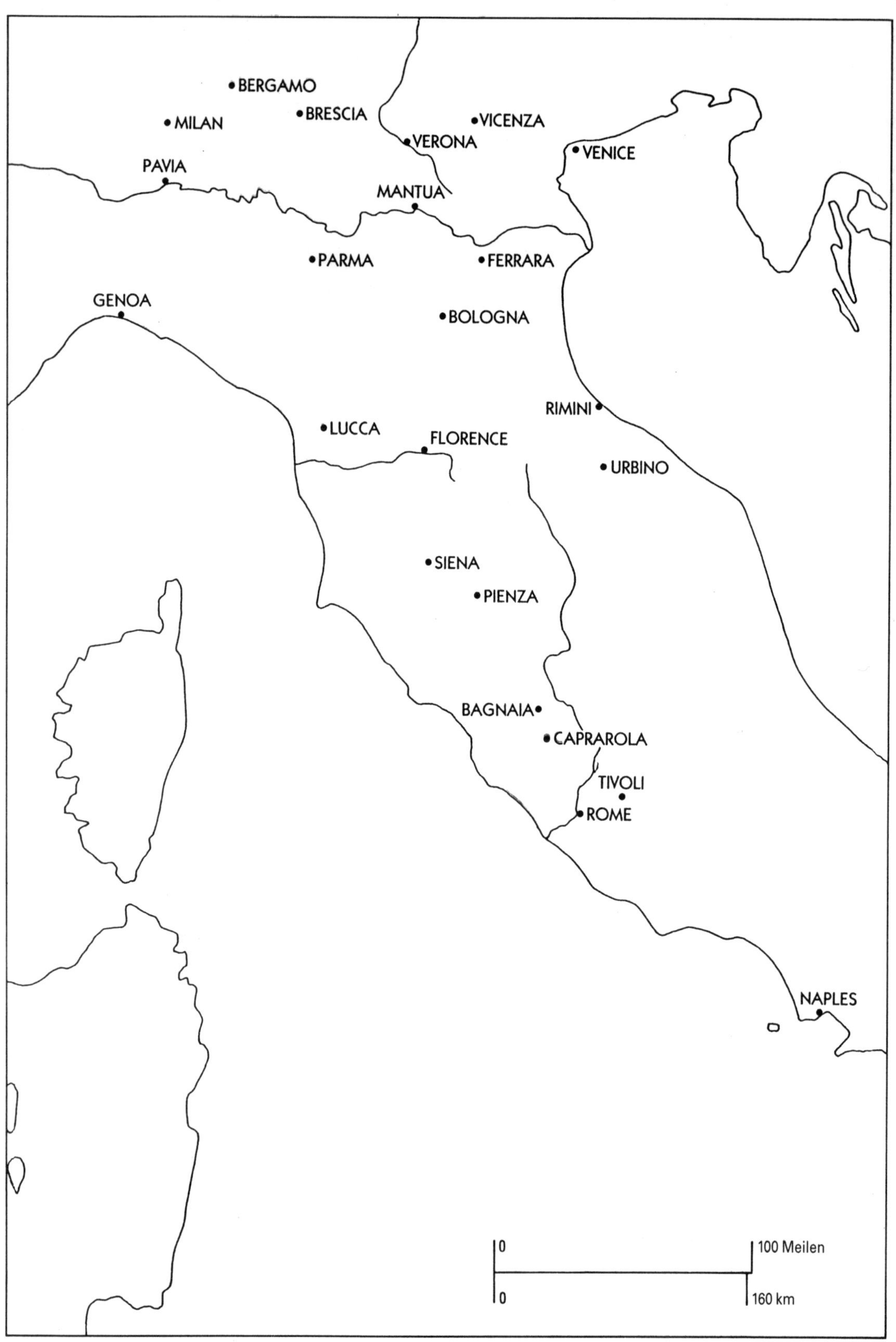

ORTE MIT DEN WICHTIGSTEN BAUWERKEN
EUROPÄISCHE RENAISSANCE